우리가 알아야 할
3·1 만세 운동

우리가 알아야 할 3·1만세 운동

ⓒ 김명옥·김재복·이해담, 박세영 2019

처음 찍은 날 2019년 2월 11일
2쇄 펴낸 날 2021년 1월 5일

지은이 김명옥, 김재복, 이해담
그린이 박세영

펴낸이 최금옥
편 집 최명지
디자인 남철우

펴낸곳 이론과실천
등록 제10-1291호
(07207) 주소 서울시 영등포구 양평로21가길 19 선유도우림라이온스밸리B동 512호
전화 02-714-9800 │ 팩스 02-702-6655

ISBN 978-89-313-8170-2 73910

* 이 책의 일부 또는 전부를 사용하려면 반드시 저작권자와 이론과실천 양측의 동의를 모두 얻어야 합니다.
* 이 도서의 국립중앙도서관 출판예정도서목록(CIP)은 서지정보유통지원시스템 홈페이지(http://seoji.nl.go.kr)와 국가자료공동목록시스템(http://www.nl.go.kr/kolisnet)에서 이용하실 수 있습니다.(CIP제어번호: CIP2019003236)

* 값 12,000원
* 잘못된 책은 바꾸어 드립니다.

 고라이실은 아동과실천 의 어린이책 브랜드입니다.

제품명 우리가 알아야 할 3·1 만세 운동	**제조국명** 대한민국	**제조자명** 도서출판 이론과실천	**제조년월** 2019년 2월
사용연령 10세 이상	**주소** 서울시 마포구 양화로 56 동양한강트레벨 714호		**전화번호** 02-714-9800

KC마크는 이 제품이 공통안전기준에 적합하였음을 의미합니다.

우리가 알아야 할
3·1 만세 운동

글 김명옥, 김재복, 이해담 | **그림** 박세영 | **감수** 김병기

머리말

3·1 만세 운동, 그 승리의 기록

삼일절이 무슨 날인지 모두들 알고 있니? 그래, 맞아. 태극기를 다는 날이야. 삼일절이 개천절, 제헌절, 광복절, 한글날과 함께 우리나라 5대 국경일이라는 것도 알고 있으리라 믿어.

우리는 오천 년 넘는 긴 시간 동안 한 민족을 이루며 살아왔어. 그사이 다른 나라가 우리 땅을 침략해 위기도 여러 번 겪었어. 하지만 그때마다 꿋꿋하게 이겨 냈지.

그렇게 지켜 온 나라였으니 1910년 한일 병합은 매우 큰 충격이었어. 분노를 참지 않고 스스로 목숨을 끊은 사람도 있었지. 죽음으로써 한일 병합이 부당하다는 걸 말했던 거야. 물론 더 많은 사람들은 살아남아 독립 투쟁을 이어 갔어.

빼앗긴 걸 되찾는 일은 정말 쉽지 않아. 빼앗은 쪽이 오랫동안 치밀하게 계획해서 빼앗은 거라면 더욱 어려워. 그러나 우리가 어떤 민족이니? 36년이라는 꽤 오랜 시간이 걸렸지만 끝내 되찾았어!

　3·1 만세 운동은 빼앗긴 나라를 되찾기 위한 신호탄이었어. 수많은 사람들이 나라 안팎에서 목숨을 걸고 싸움을 시작했어. 목숨을 건다는 것은 매우 어렵고 특별한 선택이야.

우리는 이 책을 통해 지금부터 거의 100년 전으로 돌아가 그날을 경험해 볼 거야. SNS도 없고 교통수단도 거의 없던 시절로 말이야. 그 시대 사람이 된 것처럼 한번 상상해 봐. 그러면 3·1 만세 운동을 조금 더 실감나게 목격할 수 있을 거야.

역사는 3·1 만세 운동을 실패했다고 기록하고 있어. 하지만 3·1 만세 운동은 분명한 승리의 기록이란다. 물론 비무장, 비폭력, 평화 운동으로 시작한 3·1 만세 운동은 뜻한 바를 바로 이루지 못해서 실패한 것처럼 보일 수도 있어. 하지만 수많은 사람들이 생각을 한데 모았고 임시 정부를 세웠으며 빼앗긴 나라를 되찾기 위한 싸움 방식도 바꿨지. 그래서 우리는 끝내 독립을 하게 되었단다.

3·1 만세 운동이 없었다면 지금의 우리는 어떻게 되었을까? 평소에는 잘 생각해 보지 않는 일이지. 그래서 기념일을 만들고 하루만이라도 그날의 의미를 되새기는 거야. 그런데 요즘은 국경일이라 해도 태극기를 달지 않는 집들이 많다고 해. 아무리 기쁘고 중요한 날이라도 시간이 지나면서 기억이 점점 희미해지는 거지. 국경일을 기념하는 노래가 있어도 부를 일이 없어.

자, 그 승리의 기록을 한번 찾아가 볼까? 우선 3·1 만세 운동이 일어나기 전으로 가 보자꾸나. 어떤 일이 일어날 때는 분명히 그 이유가 있으니까 말이야.

차례

머리말 3·1 만세 운동, 그 승리의 기록 ···5

1부 3·1 만세 운동은 어떻게 시작됐을까?

1. 일본에 나라를 빼앗기다 ···12
2. 저승사자보다 무서운 일본 헌병 ···21
3. 총칼로 빼앗은 토지 ···26
4. 빼앗긴 말과 글 ···31
5. 힘센 나라들이 결정하는 민족의 운명 ···35

2부 나라 안 만세 운동

1. 만세 운동에 앞장선 종교인들 ···44
2. 전국 방방곡곡으로 퍼져 나가다 ···53
3. 만세 운동에 참여한 어린 독립운동가 ···72

3부 나라 밖 만세 운동

1. 서간도 만세 운동 … 80
2. 북간도 만세 운동 … 85
3. 미주 지역 만세 운동 … 91
4. 연해주와 일본 지역 만세 운동 … 97

4부 3·1 만세 운동 이후

1. 임시 정부를 세워 독립을 준비하다 … 102
2. 만주 무장 독립운동과 공군을 키운 미국의 비행 학교 … 108
3. 독립을 향한 적극적인 외교 활동 … 116

5부 우리가 3·1 만세 운동을 꼭 알아야 하는 이유

1. 일제 식민 통치와 3·1 만세 운동 … 122
2. 3·1 만세 운동의 의미 … 126

1부

3·1 만세 운동은 어떻게 시작됐을까?

1. 일본에 나라를 빼앗기다

지금은 한 나라가 다른 나라를 빼앗는다는 것은 상상도 하기 어렵지만 옛날에는 그런 일이 종종 있었어. 빼앗으려는 나라에 쓸모 있는 자원이 많다거나 노예로 쓸 사람이 많다거나, 더 먼 나라를 쉽게 빼앗기 위한 통로로 사용한다거나 하는 등 자기 나라에 이익이 되면 전쟁을 일으키거나 조약을 맺어 국권한 나라가 가지는 모든 권력. 이를테면 다른 나라들과 똑같이 독립된 나라로 행사할 수 있는 모든 권리와 나라를 다스리는 통치권을 말함을 빼앗는 일을 서슴지 않았단다. 국권을 빼앗긴 나라의 국민들은 나라 이름을 잃는 것은 말할 것도 없고 다른 나라의 지배를 받는 식민지 국민으로서 수많은 고통을 참아 내야 했지. 불만을 입 밖에 내면 잡혀가서 매를 맞고, 총과 칼로 위협받으면서 살았어. 또 많은 세금을 내야 해서 먹고살기가 힘들었단다. 우리나라는 일본에 나라를 빼앗기고 36년이나 이런 세월을 살았지. 어떻게 일본에 나라를 빼앗겼는지 볼까?

일본은 우리나라와 만주를 빼앗으려고 오랫동안 준비했어. 일본은 1902년에 영국과 동맹을 맺으면서 우리나라에 대한 정치적 경제적 이익을 갖기로 이미 약속을 받아 놓았어. 그러고는 1904년 2월 8일 러일 전쟁을 일으키고 서울에 들어왔어. 자신들을 위해 전쟁을 일으켜 놓고는 러시아와 싸우는 데 필요하니까 우리나라 땅을 사용할 권리를 달라고 했어.

러일 전쟁에서 승리하자 일본은 기세가 등등했지. 일본은 자기들 마음대로 우리나라에 대해 '조선은 직접 다른 나라와 외교를 할 수 없고' '통감을 두고 조선을 감독하기'로 결정했어. 미국과도 '미국은 필리핀을 차지하고 일본은 조선을 차지한다'는 약속을 했지. 이것을 '가쓰라-태프트 밀약'이라고 해.

미국과 밀약을 맺은 일본은 1905년 11월 17일 "조선이 부강해졌다는 사실을 인정할 때까지"라면서 '을사늑약'을 체결했어. 나라와 나라 사이에 맺은 약속을 조약이라고 하고 나라와 나라 사이에 불평등하게 맺은 조약을 늑약이라고 해. 을사늑약은 일본이 우리나라 외교권을 강제로 빼앗은 잘못된 약속이야. 그러니까 우리나라는 중국이나 미국, 프랑스 등 다른 나라와 외교를 맺을 수 없다는 말이야.

그런데 을사늑약이 체결되기 이틀 전에 일진회에서 '일진회 선언서'를 발표했어. 일진회는 친일파(일제 강점기에 일본과 어울리면서 그들의 침략, 약탈 정책을 지지하고 따른 무리) 송병준이 만들었어. 일진회는 우리나라의 외교권을 일본 정부가 맡아 달라고 애걸하다시피 했어. 그래야 국가 독립을 유지할 수 있다나

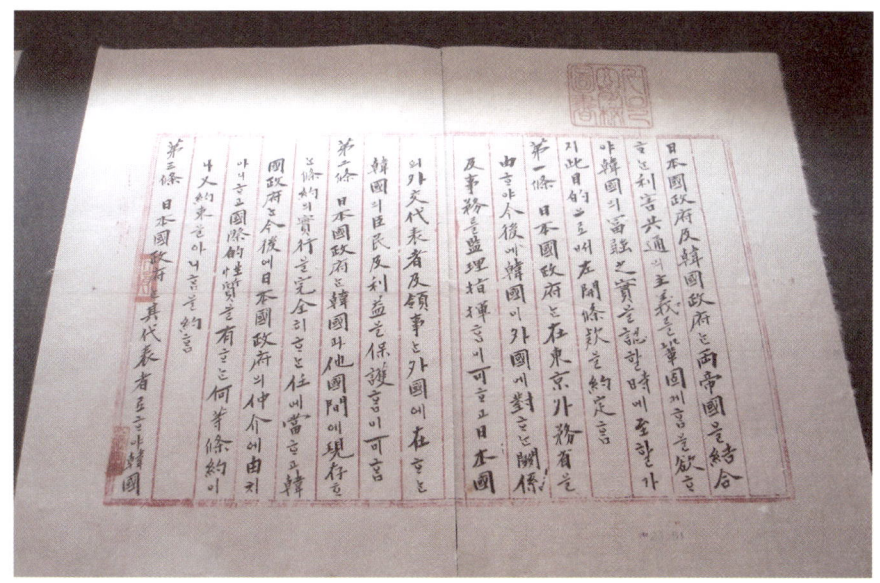
덕수궁 중명전에 전시된 을사늑약 문서. 을사늑약은 일본과 맺은 불평등 조약으로 대한 제국은 외교권을 박탈당하고 사실상 일제의 식민지가 되었다. 중명전은 을사늑약을 맺은 장소이다.

뭐라나. 친일파의 말처럼 우리 외교권은 일본에게 넘어가고 말았어.

고종은 외교권을 되찾으려고 노력했어. 1907년 헤이그에서 열리는 만국 평화 회의에 큰 기대를 걸었어. 회의에 일본 몰래 특사를 보내 세계 사람들에게 우리나라 사정을 알리려고 했지. 그런데 누구를 보낼지가 문제였어. 그때 이상설이 생각났지.

이상설은 을사늑약이 체결되자 '백성은 남의 신하와 종이 될 것'이라며 자살을 하려고 했다가 뜻을 이루지 못했어. 그 뒤 비밀리에 중국으로 가서 지린성 룽징에다 학교를 세워 '서전서숙'이라고 이름 짓고 학생들을 가르쳤어. 서전서숙은 역사·지리·수학·정치학·국제법·헌법 등을 가르쳤어. 그

헤이그 만국 평화 회의에 특사로 파견된 이준, 이상설, 이위종(왼쪽부터 순서대로).

래서 만주 지역 최초의 근대 학교라고 해. 하지만 무엇보다도 학생들에게 항일 의식을 심는 데 중점을 두었단다.

고종은 이상설, 이준, 이위종을 헤이그에 특사로 보냈어. 3명의 특사는 회의에서 우리나라 외교권을 되찾으려고 노력했으나 소용이 없었어. 왜냐하면 이 회의는 힘센 나라들이 전쟁 없이 힘없는 나라를 차지하려고 연 회의였거든.

고종이 헤이그에 특사를 파견했다는 것을 안 일본이 가만있었겠어? 약속을 지키지 않았다며 우리나라를 협박했지. 친일파 송병준은 고종에게 "일본으로 건너가 일본 황제에게 사과하라."고 요구했어. 또 다른 친일파 이완용은 칼을 빼고 고종에게 고함쳤지. 일본과 친일파 대신들에게 압박을 받은 고종은 결국 황태자에게 왕위를 주고 뒤로 물러났어.

일본은 여기서 그치지 않았어. 이때다 싶었는지 군대 해산 명령도 내렸어. 총과 칼을 들고 있는 대한 제국 군대를 그냥 두고 볼 수 없었던 거지. 군대는 일본에 저항할 마지막 수단이었어. 군대 해산으로 전국에서 의병이 일어났어. 일본은 의병을 진압한다고 일본 군인들을 우리나라에 데려왔어. 그리고 의병과 그 가족까지 모두 죽였단다.

   외교권을 빼앗고, 고종을 내쫓고, 군대 해산을 계획한 사람은 이토 히로부미야. 이토 히로부미는 일본인에게는 영웅이겠지만, 우리 민족에게는 원수 같은 인물이야. 그래서 안중근은 러시아를 방문하려고 중국 하얼빈역에 도착한 이토 히로부미를 총으로 쐈어. 1909년 10월 26일에 일어난 일이야.

이준 열사 기념관. 1995년 8월 네덜란드 헤이그에 세워진 기념관이다. 헤이그 특사 3명이 머물렀던 곳으로 특사와 관련한 여러 정보들이 전시되고 있다.

　이토 히로부미의 죽음으로 친일파들은 잠시 몸을 사렸지만, 한일 병합의 공로를 차지하고 싶었어. 일진회는 우리나라를 제발 일본과 합쳐 달라고 청원서를 올렸단다. 이완용도 일진회에 질 수 없었지. 이완용은 자신의 비서를 통감부에 보내 한일 병합 조건에 대해 협상했어. 일본은 병합에 도움을 준 사람들에게 공작, 후작, 백작, 남작을 수여하고 작위도 자손에게 물려주게 하고, 돈도 많이 준다고 했어. 그러자 일진회도, 이완용도 자기 욕심을 채우려고 일본과 병합하는 데 앞장선 거야. 그들은 작위와 돈 몇 푼을 받고 우리나라를 일본에 팔아넘긴 거란다.

고종

　조선의 제26대 왕, 고종은 12살 어린 나이에 왕위에 올랐어. 그래서 아버지인 흥선 대원군이 대신 나라를 다스렸지. 흥선 대원군은 다른 나라와의 교류를 금지하는 쇄국 정책을 폈어. 하지만 고종이 어른이 되어서 직접 나라를 다스릴 때는 나라의 문을 열고 새로운 문물을 받아들이려고 애썼지.

　고종은 영국과 미국, 일본, 러시아와 같은 강한 나라들 사이에서 많은 어려움을 겪었어. 그들은 자신들의 힘을 이용해 조선을 마음대로 하려고 했기 때문이야. 새로운 문물을 받아들이는 데도 의견이 달랐어. 우선 새로운 문물을 받아들이는 것을 반대하는 세력들이 있었어. 찬성하는 세력들도 일본처럼 빠르게 받아들이자는 세력과 청나라처럼 천천히 받아들이자는 세력으로 나뉘었지.

　호시탐탐 조선을 빼앗으려고 노리는 일본까지 있었으니 무척 불안하고 혼란스러운 때였지. 그리고 1895년(을미년)에 일본이 명성 황후를 죽이는 사건까지 일어나게 돼. 고종도 위협을 느끼고 러시아 공사관으로 피신했단다.

서양식 제복 차림의 고종.

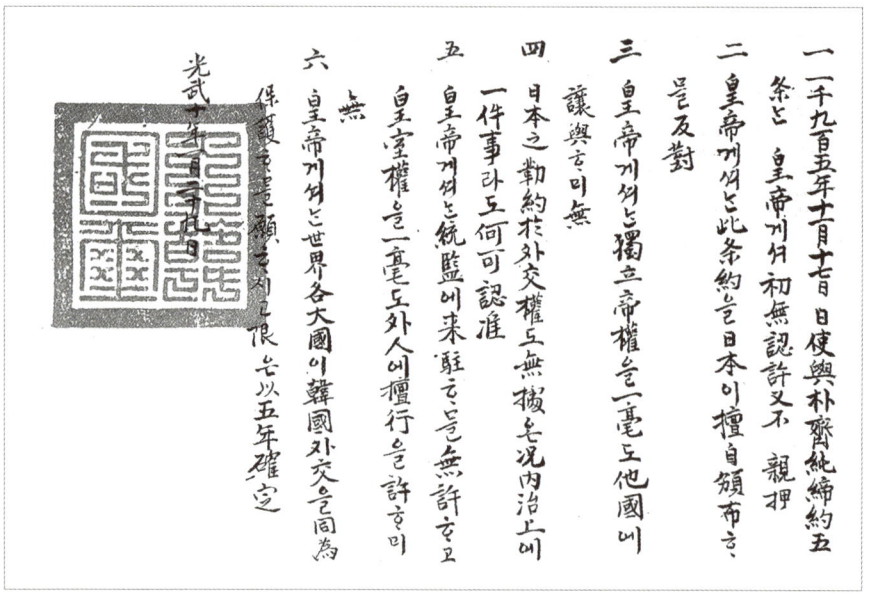

을사늑약이 무효라는 내용을 담은 고종 친서. 고종이 영국 기자에게 보낸 국가 문서로, 여기에는 고종이 을사늑약에 서명하지 않았고, 늑약의 반포를 반대했으며, 황제권을 일본에 넘기지 않았다는 내용이 담겨 있다.

    1897년 고종은 대한 제국으로 나라 이름을 바꿨어. 그리고 스스로를 왕이 아니라 황제라고 높여서 부르도록 했어. 여러 사건들을 겪으면서 떨어진 왕권을 회복하려고 했던 거지. 그러나 1905년 11월 일본은 우리나라의 외교권을 뺏기 위해 을사늑약을 강압적으로 맺어. 고종이 도장을 찍은 적도 없는데 말이야. 고종은 을사늑약이 잘못됐다는 글을 써서 다른 나라에 알리려고 노력했어. 하지만 일본이 가만히 보고만 있지는 않았단다. 고종이 자신들 몰래 헤이그에 사신을 보낸 것은 약속을 어긴 것이니 전쟁을 일으킬 수 있다고 협박을 했어. 이 일로 고종은 왕위에서 물러나게 돼.

    고종은 덕수궁에서 68세의 나이로 세상을 떠났지. 많은 사람들이 분노했어. 그 분노는 3·1 만세 운동으로 이어졌어. 고종은 을사늑약의 부당함을 세상에 알리지는 못했어. 하지만 그 죽음이 부당함에 맞서게 하는 또 다른 계기가 된 셈이지.

2. 저승사자보다 무서운 일본 헌병

나라가 망했다고 생각한 많은 양반과 지식인 들은 만주로 떠났어. 만주는 대대로 우리 조상들이 살았던 땅이야. 만주에서 훗날 독립을 기약하며 학교를 세우고, 군인을 길렀지. 대표적인 학교가 신흥 무관 학교야. 신흥 무관 학교에서 배운 학생들은 3·1 만세 운동 이후 임시 정부가 세워지자, 임시 정부의 군인으로 만주에서 일본군과 싸우지. 이 이야기는 나중에 다시 할게.

만주로 떠난 사람도 있었지만 고향을 떠날 수 없는 사람들은 일본의 지배를 받으며 살 수밖에 없었어.

일본은 대한 제국을 병합하면서 헌병 경찰 제도를 실시했어. 군인인 헌병이 경찰이 담당하는 치안 범죄를 예방하고 질서를 유지하는 일 업무까지 담당하게 한 거야. 병합 직전에 대한 제국에서 빼앗은 경찰권을 군인에게 주었고, 조선 총독 역시 군인에게만 맡겼단다.

그리고 일본은 재판 없이 바로 처벌할 수 있는 법을 만들었어. '범죄 즉결

례'라고 하는 즉결 심판권이야. 헌병인 경찰서장이 재판 없이 바로 처벌할 수 있게 한 거지. 법을 지키지 않으면 구류교도소나 경찰서에 가두는 일·벌금벌로 돈을 내는 것·태형몽둥이로 때리는 벌으로 처벌할 수 있게 한 거야.

몽둥이로 때리는 태형에 대해 조금 더 얘기해 줄게. 태형은 우리나라 사람들에게만 적용했어. 그거 아니? 태형 제도는 이미 갑오개혁 때 없앤 형벌이라는구나. 갑오개혁은 1894년 동학(갑오) 농민 혁명이 일어나자 고종이 청나라에 군대 파견을 요청하면서 일어났어. 청나라가 군대를 파견하니 일본이 그 핑계로 군대를 이끌고 우리나라로 들어왔단다. 일본은 궁중에 들어가 청나라와 친하게 지내는 사람들을 없애고 일본에 호의적인 사람들로 정권을 세웠는데, 이때 여러 제도들을 새롭게 바꾸었단다. 태형 제도는 이때 없앴지. 일본도 이미 10여 년 전에 폐지했고 말이야. 비인간적인 형벌이라 없앤 제도를 부활시킨 것은 공포로 우리나라를 지배하기 위해서였어.

태형은 형틀에다 사람을 묶고 엉덩이가 보이게 옷을 벗기고 매 끝에 납을 달아서 때렸대. 한번 때리면 80대가 보통이었어. 일본 헌병들은 때리다가 맞은 사람이 기절하면 깨워서 다시 때렸어. 태형을 맞은 사람은 걸을 수 없어서 등에 업혀 경찰서를 나와야 했어.

태형을 맞다 죽은 시체는 그날로 사라졌어. 맞다 죽었다는 소문이 나면 안 되니까 조용히 묻어 버린 거지. 태형을 맞다 죽은 사람이 수두룩했어. 태형으로 처벌받은 사람이 해마다 2만여 명이 넘었다니 그야말로 공포의 시대였지. 식민 통치에 조금이라도 불만을 표시하면 무조건 헌병대로 끌고 가 태형으

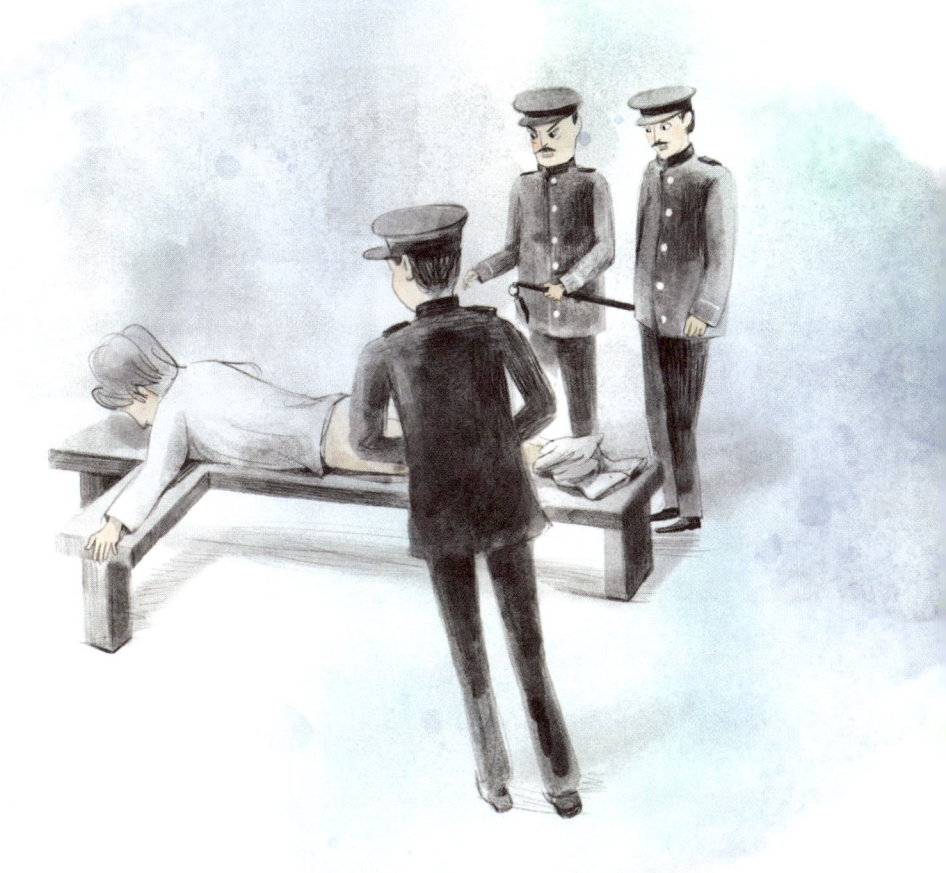

로 처벌했으니까. 우리나라 사람들은 헌병이 저승사자보다 무서웠을 거야.

처벌한 이유를 보면 말이 안 돼. 말과 행동을 조심하지 않았다고 붙들어 가 때리는 게 말이 되니? 일본인들에게 욕을 했다고 처벌했다 하니 믿을 수가 없어. 또 일본 순사 일제 강점기에 경찰관의 가장 낮은 계급를 유심히 바라보다가 매를 맞은 사람도 많았어. 이렇게 태형으로 처벌한 이유는 식민 통치에 불만을 표시하지 못하게 하려는 거였어.

헌병 경찰 제도는 공포로 사람을 다스리려는 제도야. 세계 어디에도 없는 제도였어. 일본은 총과 칼이면 모두 해결될 줄 알았던 거지. 그래서 군인과 경찰은 물론이고 철도원까지도 칼을 차게 했어. 심지어는 학교 선생님들도 총과 칼을 차고 가르치게 했어. 선생님이 교실에서 칼을 차고 가르친다고 생각해 봐. 얼마나 무섭고 끔찍하니.

일본은 헌병 경찰 제도와 태형이면 우리나라를 영원히 지배할 수 있다고 생각했던 거야. 이런 공포 정치에 대한 우리 민족 저항이 3·1 만세 운동으로 이어진 거지.

3. 총칼로 빼앗은 토지

　일본은 땅도 빼앗아 갔어. 을사늑약으로 대한 제국의 외교권을 빼앗고 초대 통감이 된 이토 히로부미는 일본 사람들이 토지를 가질 수 있게 대한 제국의 법을 고쳤어. 을사늑약 전의 대한 제국 법은 외국인이 우리 땅을 살 수 없게 했거든.

　법을 고친 일본은 우리나라에 흉년이 들어 땅값이 떨어지면 싼값에 사들였어. 사들인 땅은 우리 소작농에게 일구게 하고 수확량의 절반 이상을 가져갔지. 또 높은 이자로 돈을 빌려줬다가 갚지 못하면 땅이나 집을 빼앗았어.

　높은 이자로 돈을 빌려주는 일을 고리대금업이라고 해. 높은 이자로 돈을 빌려주면 이자를 많이 받고 돈을 못 갚으면 땅이나 집을 빼앗을 수 있었기 때문에, 일본 사람들은 우리나라 사람들이 돈을 갚아도 좋고 안 갚아도 좋았어. 일본 사람들에게 우리나라는 고리대금업자의 천국이나 마찬가지였던 거지. 일제 강점 초기에 일본에서 우리나라에 투자하라는 안내서에 이렇게

쓰여 있을 정도였어. "적은 돈을 가진 사람들은 조선에서 자금업을 하는 게 가장 좋은 장사"라고 말이야. 이 말은 고리대금업을 하라는 말이었지.

조선 총독부는 우리나라 토지에 눈독을 들였어. 그 이유는 두 가지였단다.

일본은 러일 전쟁을 일으키면서 농촌 사람들을 도시에 와서 일하게 했어. 그런데 도시에 살게 하려면 월급을 많이 줘야 하는데 일본은 그럴 수가 없었어. 돈이 많지 않았거든. 월급을 적게 주는 대신 쌀을 싼값에 살 수 있게 했지. 많은 쌀을 싼값에 확보하려다 보니 우리 토지에 눈독을 들이게 된 거야.

또 하나는 일본에 사는 가난한 사람이나 집 없이 떠도는 사람들에게 조선으로 이사 가서 살라고 했어. 일본에서 말썽을 부릴까 봐 그런 거였지. 우리나라로 이사 온 일본 사람들이 먹고살게 하려면 땅이 필요하겠지?

조선 총독부는 어떻게 하면 우리나라 땅을 차지할 수 있을까 궁리했어. 그래서 1907년에는 국유지를 일본 사람들이 차지할 수 있는 법도 만들었지. 국유지는 나라가 주인인 땅이야. 일본 사람이 황무지를 일구어 쓸모 있는 땅으로 만들면 소유권을 주는 법이지. 그러고는 회사를 만들어 우리 토지를 빼앗아 갔어. 땅을 빼앗는 데 앞장선 회사가 동양 척식 주식회사야. 이름만 회사이지 사실은 우리나라 토지를 강제로 빼앗아 가는 기구였단다. 병합이 되자 일본은 본격적으로 땅을 빼앗는 작업에 들어갔어. 1910년부터 1918년까지 대대적인 토지 조사 사업을 했지. 자기 땅을 신고하라고 한 거야. 낡은 토지 소유 제도를 근대적으로 바꾼다는 이유였지만, 사실은 땅을 빼앗기 위한 사전 조사였어. 일본이 토지 조사를 왜 했는지 들어 볼까?

> 토지 조사는 땅에 물리는 세금 부담을 공평하게 하고, 토지 소유권을 명확히 하여 그 소유권을 보호한다. 땅을 사고팔거나 남에게 넘겨줄 때 간단하고 빠르게 하기 위한 것이다.

그럴듯하지? 하지만 토지 조사는 사실 두 가지 목적이 있었어. 세금을 늘려 우리나라를 통치하는 자금으로 쓰려는 것과 황실과 국가 소유 땅을 빼앗

동양 척식 주식회사. 일본이 조선의 경제를 독점하고 토지 및 자원 수탈을 목적으로 세운 기구였다.

토지를 측량하는 일본(1917년). 일제는 조선의 토지를 빼앗기 위해 전국의 토지를 측량하는 토지 조사 사업을 실시했고, 그 결과 많은 땅이 일본에게 넘어갔다.

아 조선 총독부 땅으로 만들려는 것이었지.

일본이 이러저러한 법을 만들어 우리를 억압했지만 땅은 개인 소유잖아? 무조건 빼앗을 수 없었어. 그래서 일본은 땅을 가로채려고 간사한 꾀를 내지. "토지를 갖고 있는 자는 조선 총독부가 정한 날짜까지 신고해야 한다." 고 말이야. 여기에도 일본의 계략이 숨어 있었어. 저 땅이 내 땅이라고 신고하기가 너무 복잡했던 거야. 간신히 서류를 만들어 신고를 하러 가면 서류가 잘못됐다고 돌려보내는 거지.

우리나라에서는 주인이 없는 땅은 대대로 일구었던 사람에게 그 소유권을 인정해 줬어. 하지만 이런 사람들은 땅문서가 없었어. 그래서 서류를 만들기가 어려웠던 거야. 일본은 이런 땅들을 노리고 토지 신고제를 만들어 모두 빼앗았지.

양반들이라고 다르지 않았어. 양반들도 땅을 많이 빼앗겼지. 그러니 상민들이야 말할 것도 없었어. 이때 생긴 말이 '총독부 말뚝'이야. 총독부 땅이라고 말뚝을 세웠는데 항의하는 사람이 없으면 그대로 총독부 땅이 됐어.

이렇게 온갖 짓을 다 해서 땅을 빼앗았으니 많은 땅이 조선 총독부와 동양 척식 주식회사로 넘어갔어. 1918년에 토지 조사 사업이 끝났을 때 조선 땅 40퍼센트를 총독부가 차지했다고 해. 동양 척식 주식회사의 땅은 4배 이상으로 늘어났고 말이야.

토지를 빼앗긴 우리나라 사람들은 당연히 먹고살기가 어려워졌어. 먹고살기 힘드니까 추수가 끝나면 만주로 떠나는 사람들이 많았단다. 온 가족이 이불이며 솥단지를 이고 지고 머나먼 길을 떠났어. 앞장선 아버지가 새끼줄을 허리에 묶고 그 다음에 아이들이 그리고 마지막에 어머니가 묶었단다. 가다가 가족을 잃어버리면 안 되니까 말이야.

토지 조사 사업이 끝난 이듬해에 3·1 만세 운동이 일어난 것은 결코 우연이 아니었어. 일본이 토지를 이렇게 빼앗아 가니까 반감이 커질 수밖에 없었던 거야.

4. 빼앗긴 말과 글

　일본은 우리 역사와 우리말도 못 배우게 했어. 역사는 나라와 민족의 정신이고 말은 나라의 정신을 담은 그릇이야. 우리가 계속 우리 역사와 말을 배우고 쓴다면 우리를 지배하기 어려워지는 건 불 보듯 뻔한 일이잖아.

　우리나라는 대한 제국 시대에 여러 사람들이 돈을 내서 학교를 세웠어. 그러나 일본은 우리나라 사람들이 세운 학교를 닫아 버렸어. 그리고 서당에서 하는 교육도 위험하다고 통제했지. 우리 역사와 우리말을 가르치지 말라는 거야. 학교에서는 일본 말과 글을 써야 했어. 일본 말을 나라말이란 뜻인 국어라고 가르쳤지.

　책이나 신문을 인쇄할 때도 글을 검열했어. 혹시라도 일본에 대해 나쁘게 쓴 글이 있거나 사람들에게 민족정신을 일깨우는 글이 있으면 지우라고 했지. 일제 강점기 때 나온 잡지나 신문을 보면 까맣게 글자를 지운 흔적을 볼 수 있어. 이런 것들은 모두 일본 사람들이 검열해서 원고를 지우게 한 거지.

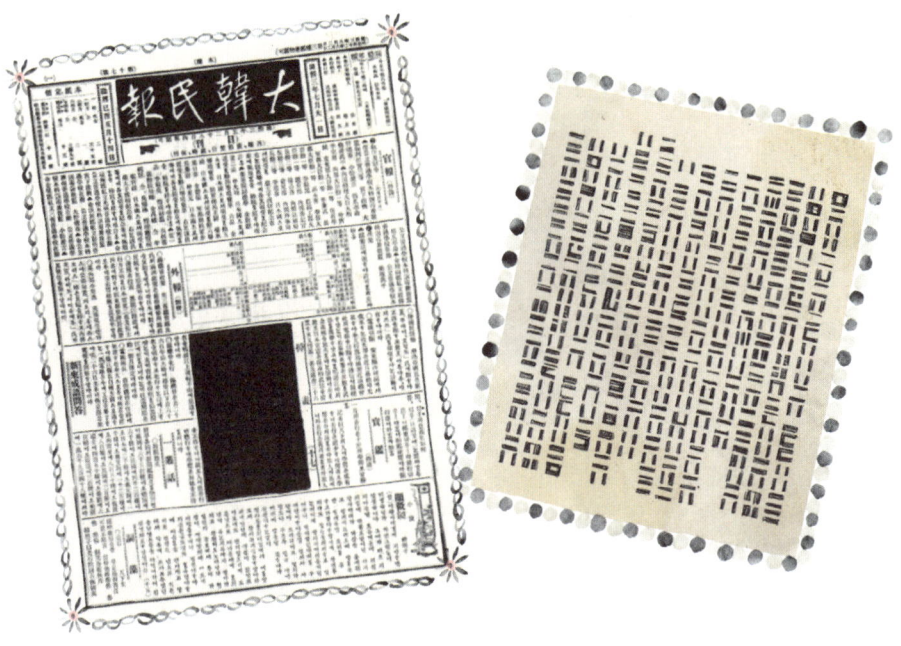

이렇게 글을 검열한 이유는 간단해. 일본을 싫어하는 감정을 일깨워서 사람들이 일본에 저항할까 봐 그런 거야.

다만 해외에서 발행한 신문들은 검열할 수 없었어. 그러자 사람들이 해외에서 발행한 신문을 몰래 들여왔어. 조선 총독부는 신문을 발견하면 바로 빼앗아 버렸지. 해외에서 우편으로 보내오면 모두 검열한 뒤 배달했어. 철저하게 우리 입과 눈과 귀를 막으려 한 거지.

그런데 일본 사람들도 어쩌지 못하는 신문이 있었어. 『대한매일신보』야. 이 신문은 영국 사람 베델이 사장이었어. 우리나라 사람이 신문을 내면 검열하고 강제로 빼앗을 수 있었지만, 외국인을 그렇게 할 수는 없었어.

『대한매일신보』는 일본인들에게 눈엣가시였지. "무기를 잡고 국가 적을 물리쳐라." 이런 글을 실었으니 오죽했겠니. 사람들을 선동하는 기사를 쓴 『대한매일신보』를 일본이 가만둘 리가 없었지. 일본이 보기에 이 신문을 그대로 두면 큰일이 날 것 같았어.

베델을 나라 밖으로 쫓아내지 않으면 자기들 뜻대로 되지 않을 거라 생각했어. 그래서 "외국에서 발행하는 우리나라 신문 또는 외국인이 우리나라에서 발행하는 신문은 질서를 방해하거나 생활을 어지럽게 하니 그 신문을 압수할 수 있다."고 법을 고친 거야.

법을 맘대로 고쳤으니 해외에서 만든 신문과 『대한매일신보』를 빼앗고 검열할 수 있었어. 그리고 베델을 나라 밖으로 쫓아냈지.

일본이 신문을 빼앗으면서 내세운 이유가 참 어이없어. "일본의 보호를 자기 나라를 빼앗았다고 거짓으로 썼다." "폭도를 충성된 자라고 썼다." "암살자를 의사라고 쓰고 이런 사상을 불어넣는 데에 힘쓴다."라는 거야.

그런데 우리 입장에서 보면 일본은 우리를 보호하는 게 아니라 강제로 빼앗은 거지. 또 나라를 되찾으려는 독립운동가나 의병은 폭도가 아니라 나라에 충성한 사람이잖아. 안중근 같은 사람은 의로운 일을 한 사람이지 사람을 죽인 암살자가 아니야.

신문을 이렇게 검열하고 내지도 못하게 하니까 제대로 된 신문을 만들 수 없었어. 뜻있는 기자들은 신문사를 떠났어. 그러지 않으면 일본이 우리나라를 보호한다고 거짓으로 써야 하거나 일본이 하는 일이 좋다고 선전해야 했어.

베델과 『대한매일신보』 창간호. 『대한매일신보』는 대한 제국이 일본에 침략당한 실상을 알리고 을사늑약이 무효임을 주장했다.

베델이 죽고 기자들이 떠나자 『대한매일신보』는 대한이란 이름을 빼고 『매일신보』가 되어 일본 제국의 말을 그대로 받아 적는 일을 했지. 한마디로 총독부 신문이 된 거야. 우리나라를 강제로 빼앗은 뒤에는 『매일신보』만 빼고 모든 신문을 못 내게 했어. 모든 입을 막은 거지.

이렇게 일본은 토지를 강제로 빼앗고, 우리 역사와 말을 못 배우게 총과 칼로 지배했어. 억압과 폭력에 우리 민족은 만세 운동으로 저항했어. 1919년 3월 1일 울려 퍼진 만세 소리는 오랫동안 억압받은 우리나라 사람들의 울음소리였던 거야.

5. 힘센 나라들이 결정하는 민족의 운명

우리 민족이 억압받고 있을 때 나라 밖에서는 어떤 일이 일어났을까?

가장 큰 사건은 제1차 세계 대전이야. 이 전쟁은 1914년에 일어나서 1918년 11월에 끝이 났어. 영국·프랑스·러시아 연합국과 독일·오스트리아·이탈리아 동맹국이 식민지를 차지하기 위해 벌인 전쟁이었어. 제1차 세계 대전은 독일이 항복하면서 끝났지만 2천만 명 정도 되는 어마어마한 사상자를 냈지.

그런데 전쟁이 끝나기 1년 전인 1917년 10월에 러시아에서 사회주의 혁명이 일어나. 사회주의란 개인이 재산을 갖는 제도를 없애고 물건을 만들 수단(기계, 공장 등 여러 가지 도구나 방법)을 사회가 갖는 거지. 지금 우리나라는 개인의 재산을 인정해 주는 사회야.

사회주의가 된 러시아는 소수 민족의 자결과 비밀 외교 폐지를 주장했어. 자결이란 '다른 사람의 도움이나 간섭을 안 받고 자기와 관련된 일을 스스

미국 28대 대통령 우드로 윌슨. 윌슨 대통령은 각 민족이 스스로의 의지에 따라 운명을 결정하고 다른 국가의 간섭은 인정하지 않는다는 민족 자결주의를 주장했다.

로 결정하고 해결'하는 것을 말해. 그러니까 소수 민족의 자결이라는 말은 소수 민족도 자기 민족과 관련된 일을 스스로 결정하고 해결하는 것을 말하는 거야.

러시아가 소수 민족의 자결을 말하니까 자본주의 국가들은 당황했어. 그래서 미국의 윌슨 대통령도 1918년 새해 연설에서 '14개조 평화 원칙'을 발표한 거야. 여기에 민족 자결주의를 넣은 거지.

우리 민족은 민족 자결주의란 말에 큰 영향을 받았어. 우리는 일본에 억압받고 우리 민족 스스로 어떤 일도 결정할 수 없는 처지였잖아.

상하이에 있던 독립운동가들은 서둘러 당(신한청년당)을 만들고 파리 평화 회의에 대표를 보냈어. 파리 평화 회의는 제1차 세계 대전이 끝나자 전쟁 뒷일을 처리하기 위해 프랑스 파리에서 열린 회의야.

그런데 윌슨 대통령은 독일, 이탈리아, 오스트리아가 지배하던 식민지 민족은 스스로 발전하도록 기회를 주어야 한다고 주장해. 그러니까 윌슨 대통령은 모든 민족에게 스스로 발전할 기회를 준 게 아니라 이 세 나라의 식민지였던 민족에게만 민족 자결의 기회를 준 거지.

파리 평화 회의에 큰 기대를 걸었던 우리나라로서는 파리 평화 회의가 거

짓 평화 회의처럼 느껴졌어. 파리 평화 회의에 참석한 우리 대표는 독립을 위해 호소하고 민족의 사정을 알리려고 무진 애를 썼어. 하지만 강대국은 동방의 작은 나라에서 온 우리 대표의 말에 귀를 기울이지 않았어.

한편 상하이에 있던 독립운동가들은 국내와 일본으로 사람을 보내 독립 의지를 다져 나가려고 했어. 적극적으로 독립 의지를 내보인 거야. 만주에서 '대한 독립 선언서'를 발표한 것도 그중 하나야. 이 선언서는 1919년 2월에 발표했는데 음력으로 무오년이기 때문에 '무오 독립 선언서'라고도 한단다. 3월 1일에 발표한 '기미 독립 선언서'와 구별하기 위해 이렇게 부르기도 해.

이 독립 선언서는 항일 독립 전쟁을 '평화를 위한 신성하고 정의로운 전쟁'이라고 했어. 전쟁이라는 말에서 느낄 수 있는 것처럼 민족의 독립을 위해 일본과 싸워야 한다는 거야. 독립 전쟁은 정의로운 전쟁이라고 확신했어.

국내에 들어온 사람들은 천도교인을 비롯한 종교인들과 만나 만세 시위를 일으킬 것을 의논했어. 일본으로 건너가 공부하고 있는 학생들도 만났지. 일본에서 공부하던 우리나라 학생들은 조선 기독교 청년 회관에 모였어. 모두 400여 명이 모였지. 그리고 독립 선언서를 낭독했어. 이 선언서를 1919년 2월 8일에 발표했다고 해서 '2·8 독립 선언서'라고 해.

선언서에는 이런 내용이 담겨 있어.

우리는 10년간 독립을 회복하려다가 희생된 사람이 수만이다. 한일 합병은 조선 민족의 의사가 아니다. 자유까지 억압당했다. 우리 민족은

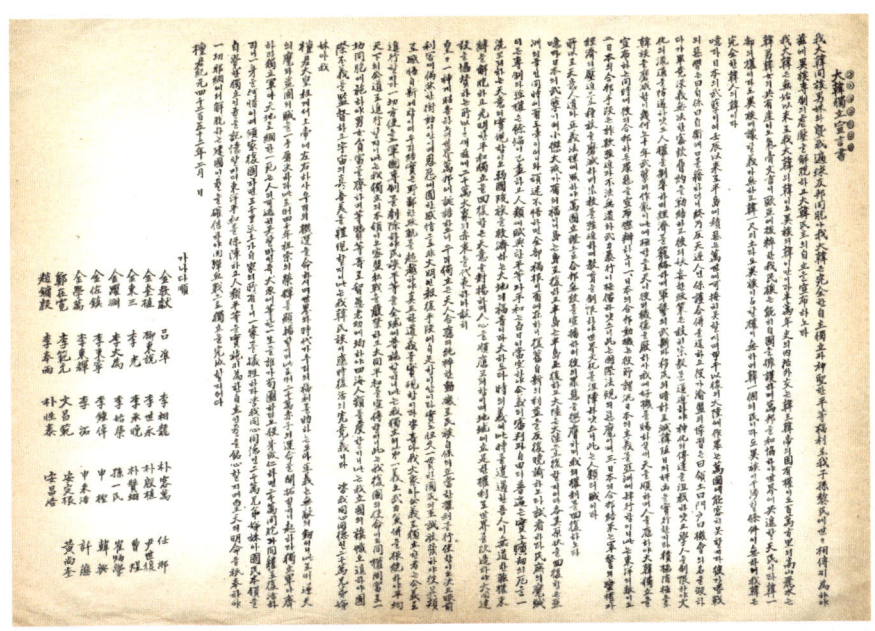

대한 독립 선언서. 1919년 2월 1일 해외에서 활동하고 있는 독립운동가 39명 이름으로 만주에서 발표된 독립 선언서이다.

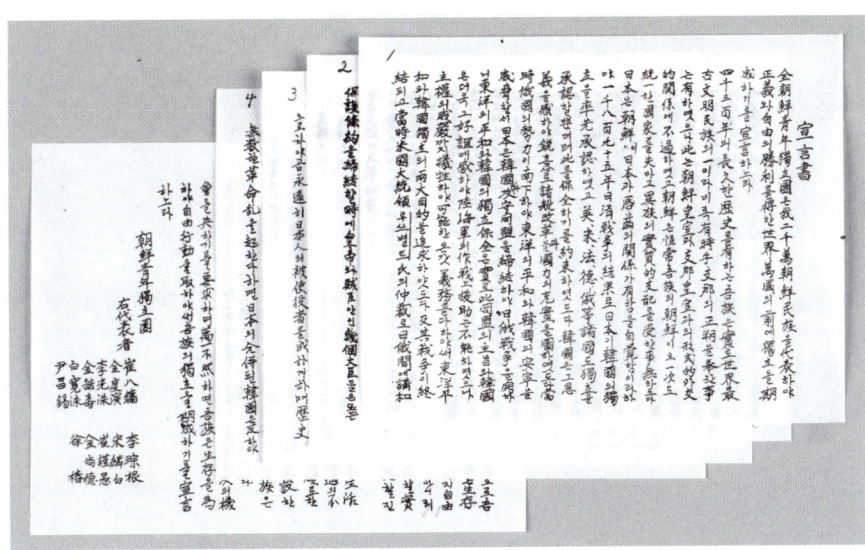

2·8 독립 선언서. 일본에서 조선 유학생들이 조선의 독립을 선언한 선언문이다. 대한 독립 선언서와 함께 3·1 독립 선언서의 바탕이 되었다.

영원히 일본과 싸울 것이다. 우리 민족은 정의와 자유를 기초로 세계 평화와 인류 문화에 공헌하는 새 국가를 건설하겠다.

일본과 영원히 싸워서라도 반드시 독립을 이루겠다는 뜻이 보이니? 반드시 독립을 이루겠다는 굳은 의지가 하나둘 모이고 있었어.

일본의 억압에 대한 저항과 민족 자결주의라는 물결을 만나 독립에 대한 의지가 불타오르고 있을 때, 기름을 끼얹는 사건이 벌어져. 고종이 세상을 떠난 거야. 그런데 사람들 사이에서 고종이 일본한테 독살되었다는 소문이 돌았어.

우리나라 사람들은 엄청 분노했어. 억울하고 속상해도 고종이 다시 살아날 수는 없었지. 슬픔 속에서 고종의 장례식 날짜가 3월 3일로 정해졌어. 고종의 사망은 충격적이고 슬픈 일이었지만 전국에서 사람들이 모여들 테니 이건 독립운동에 다시 오지 않을 수도 있는 기회였지. 비밀리에 독립 선언식을 준비해 온 사람들이 이 기회를 이용하기로 했어.

고종의 장례식에 참석하기 위해 사람들이 모여들었어. 일본 제국을 향한 분노와 나라 잃은 설움, 고통받은 기억을 떠올리면서 사람들의 분노는 하늘을 찌를 기세였지.

3·1 만세 운동은 끓어오르던 화산이 마침내 폭발하는 순간에 다다른 것처럼 그렇게 강렬하게 터졌던 거야.

고종 장례 행렬과 이를 지켜보는 사람들. 고종의 죽음으로 나라 잃은 설움을 겪던 우리나라 사람들의 분노는 극에 달했고, 이는 3·1 만세 운동으로 이어지는 계기가 되었다.

2부
나라 안 만세 운동

1. 만세 운동에 앞장선 종교인들

1919년 3월 1일은 우리 역사에서 가장 용감한 날 중 하루로 기억될 거야. 한일 병합 후 10여 년간 독립은 우리 민족의 간절한 소원이었잖아. 3·1 만세 운동은 독립을 향해 긴 시간 동안 준비하고 달려 왔다는 사실을 모두에게 알리는 매우 큰 사건이었어.

3월 1일은 비밀리에 약속된 날짜였어. 서울에서 시작된 독립 선언과 만세 운동은 한반도 전 지역으로 번져 나갔어. 한번 달아오른 분위기는 쉽게 가라앉지 않았지.

3·1 만세 운동이 일어나기 전에도 일제에 저항하는 사람들이 있었지만 숫자가 많지 않았지. 3·1 만세 운동은 우리 민족 거의가 참여한 운동이야. 신분과 나이, 성별에 상관없이 빼앗긴 나라를 되찾고 싶은 사람이면 누구나 참여했기 때문에 더 큰 의미가 있어.

그렇다면 3·1 만세 운동이 왜 중요한 사건일까? 여기에는 몇 가지 이유가 있어. 3·1 만세 운동은 앞에서도 이야기했지만 어느 날 갑자기 일어난 일이 아니야. 오랫동안 준비한 만큼 몇 가지 원칙이 있었어.

첫째, 민족의 독립을 원하는 사람이면 누구나 참여할 수 있다.
둘째, 민족 대표를 중심으로 한 지도부의 지시를 따른다.
셋째, 절대 폭력을 쓰지 않는다.

이처럼 3·1 만세 운동은 종교, 지역, 신분, 성별에 상관없이 누구나 참여할 수 있었고, 폭력 없는 평화적인 시위였어. 또 엄청나게 많은 사람들이 모이는 만큼 앞에 나서서 운동을 이끌어 줄 사람들이 있어야 했어. 그 일을 종교인들이 맡아 주었지. 3·1 만세 운동 당시 천도교와 기독교, 불교 인사들이 참여했단다.

3·1 만세 운동을 이끌었던 종교에 대해 조금 더 알아볼까?

천도교는 손병희가 이끌었던 민족 종교야. 천도교는 동학 정신을 이어받았는데 동학은 1860년에 최제우가 세상과 백성을 구제하려는 뜻으로 만들었단다. 동학의 정신을 이어받은 종교답게 천도교의 교리는 인내천이야. 이 말은 '사람이 곧 하늘이다'라는 뜻이야. 사람을 매우 소중하게 생각했다는 것을 알 수 있지.

천도교 인사인 권동진, 오세창, 최린 등은 1919년 2월부터 다른 종교 단체와 함께 3·1 만세 운동을 의논했다고 해. 3·1 만세 운동에 앞서 송계백이라

는 사람이 일본에서 유학생들이 낭독하기로 한 2·8 독립 선언서 초안을 가지고 찾아오자 큰 자극을 받았던 거야.

3·1 독립 선언서 작성도 천도교 쪽이 맡기로 했어. 최린의 부탁을 받아 최남선이 선언서 초안을 만들고 종교 단체 대표들의 동의를 구해 완성했다고 해.

기독교 단체도 뜻을 보탰어. 평안도의 기독교 중 하나인 장로교 단체는 이미 비밀 결사 단체였던 신민회를 도와 독립운동을 한 적이 있었거든. 그러던 중 천도교 쪽 제의를 받고 망설임 없이 함께하기로 한 거지. 나라를 구하는 일에 누가 먼저랄 것이 없었던 거야.

불교 쪽에서는 승려 한용운의 지도 아래 학생들이 중심이 되어 만든 '유심회'가 활발하게 활동을 하고 있었어. 유심회 회원들은 전국 각 지역에 흩어져 있는 사찰에 독립운동 소식을 전달했지. 나중에는 중국 등으로 활동 지역을 옮겨 독립운동에 참여했단다.

이렇게 비밀리에 모임을 갖고 뜻을 모으는 동안 3·1 독립 선언서가 완성되었어. 그리고 천도교, 기독교, 불교를 중심으로 민족 대표까지 결정되었단다. 거사일은 1919년 3월 1일 오후 2시. 모두들 조마조마한 마음으로 거사를 기다렸단다. 자칫 비밀이 들통나기라도 하면 큰 낭패였어. 모두가 한시도 긴장의 끈을 놓을 수 없었지.

드디어 민족 대표들이 모이는 날, 그들은 과연 어떤 마음이었을까? 33명 가운데 4명은 지방에 머물고 있었기 때문에 29명만 태화관에 모일수 있었어. 그곳에서 독립 선언서를 낭독하기로 했거든. 드디어 약속한 시간이 되었어. 대표 중 한 사람이 떨리지만 단호한 목소리로 선언서를 읽어 내려가기 시작했어. 한 글자 한 글자에 독립을 향한 간절한 마음을 담아 또박또박 읽어 나갔지.

선언서를 모두 읽은 후 누군가 '대한 독립 만세'라고 외쳤어. 그러자 나머지 대표들이 그 말을 따라 '대한 독립 만세'를 외쳤어. 세 번 소리 높여 외쳤어.

같은 시각에 탑골 공원에 모여 있던 시민과 서울 시내 중학교 및 전문학교 지금의 대학교 학생들도 독립 선언서를 낭독했어. 민족 대표가 그랬던 것처럼 선언서를 낭독하고 품속에 감춰 뒀던 태극기를 꺼내 들고 '대한 독립 만세'를 외쳤어. 이날 평양, 진남포, 안주, 의주, 선천, 원산 등 여러 지역에서도 독

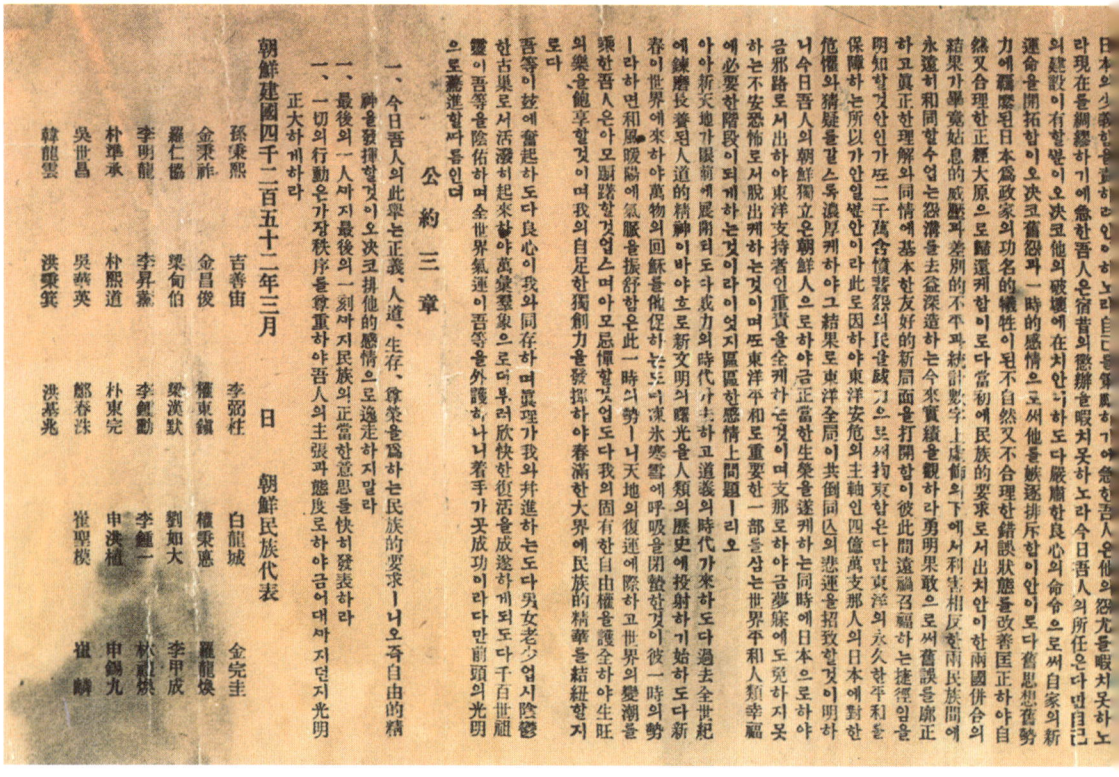

립 선언서를 낭독하고 만세를 외쳤지.

오랫동안 키워 온 독립에 대한 강렬한 의지가 일본 제국을 향해 소리치기 시작한 거야. 이렇게 3·1 만세 운동의 막이 올랐어.

독립 선언서를 낭독하고 만세를 세 번 외친 후 민족 대표들은 곧 일본 경찰에 체포되었어. 처음부터 그렇게 하기로 한 것처럼 민족 대표들은 저항하지 않았어. 3·1 만세 운동의 모든 책임은 민족 대표들이 지기로 약속했거든.

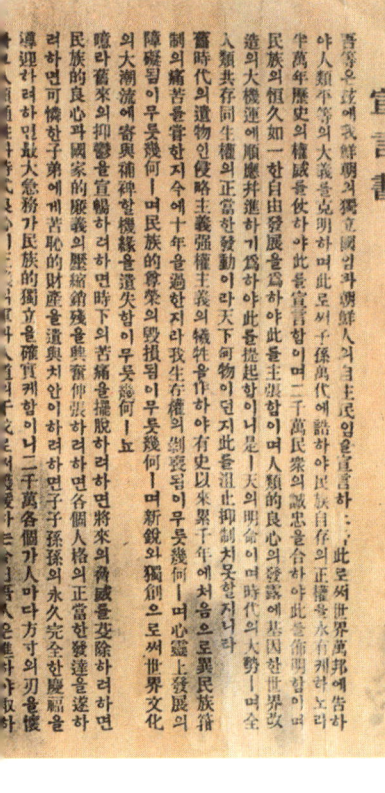

3·1 만세 운동. 수많은 군중들이 광장에 모여 태극기를 흔들고 독립을 외쳤다.

3·1 독립 선언서. 우리가 독립된 하나의 국가이며, 인간은 평등하고, 하나의 민족은 다른 나라의 지배를 받지 않아야 한다는 내용을 담고 있다.

잘못한 게 없으니까 도망갈 필요가 없다고 생각했을지도 몰라.

그날 모두가 숨을 죽이고 귀를 기울여 들었던 3·1 독립 선언서에는 어떤 내용이 담겼을까?

먼저 독립 선언서는 우리가 독립된 하나의 국가라고 분명하게 주장했어. 우리나라가 독립국이니 우리나라에 사는 사람들은 당연히 모든 권리를 스스로 가지고 있는 거지. 이런 사실을 세계에 널리 선언한 거야. 인간은 평등

하고 하나의 민족은 다른 나라의 지배를 받지 않아야 한다는 뜻을 분명하게 밝힌 거지. 무엇보다 다른 민족을 강제로 점령하여 자유와 평화를 억압하는 것은 잘못되었다고 지적했지.

또 모든 민족이 평등하게 인정받아야 하는 것은 인류 공통의 바람이고 전 세계가 평화롭게 살기 위해서는 필수적이라고 말했어. 다른 나라를 침략하고 괴롭히는 침략주의와 제국주의를 단호하게 거부한다고 밝혔지. 모든 민족 국가들이 사이좋게 협조하며 지낼 수 있는 국제 사회를 바란다고 말했던 거야.

그뿐만이 아니야. 조선의 독립은 조선인만을 위한 것이 아니라 일본의 잘

못을 바로잡는 것이며 중국을 비롯해 동양 세계 전체가 평화로워지고 나아가 세계와 인류가 행복해지는 일이라고 말했어. 이를 위해 '최후의 일인까지, 최후의 일각까지' 멈추지 않겠다고 말했지. 최후의 일각이란 마지막 순간까지라는 뜻이야.

여기서 중요한 것은 최후의 순간까지도 비폭력을 유지한다는 거야.

이러한 내용이 3·1 독립 선언서에 담겨 있어. 매우 힘 있고 감동적인 선언서라는 평가를 받기에 충분하지.

독립 선언문에는 비폭력 운동이라고 분명하게 말했잖아. 총칼을 든 일본 제국 앞에서 폭력을 쓰지 않고 만세 운동을 한다는 것은 큰 각오가 필요하고 행동으로 옮기기도 어렵단다. 그래서 세계가 3·1 만세 운동을 훌륭하다고 인정하는 거야. 실제로 3·1 만세 운동 하루 동안 폭력을 쓰지 않았지.

조선 총독부는 깜짝 놀랐어. 시위에 참여한 사람들의 기세에 눌린 거야. 쓸 만한 무기 하나 없이 맨손에 태극기 하나 들었을 뿐인데도 말이야. 그건 그만큼 강력한 의지로 일본에 저항한다는 뜻이기도 했으니 일본이 얼마나 놀랐을지 상상해 봐.

조선 총독부는 잠시 당황하긴 했지만 곧바로 3·1 만세 운동이 일어난 그 날부터 완전 무장한 군대를 투입했어. 많은 사람들이 죽거나 다쳤어. 비폭력을 약속하고 비무장한 사람들을 향해 일본은 총을 쏘고 칼을 휘둘렀어. 일본은 우리의 소원인 독립을 들어줄 마음이 없었던 거야. 하지만 식민지 백성으로는 살 수 없다는 사람들의 마음을 무너뜨릴 수는 없었어.

3·1 만세 운동 이후 우리는 크게 깨달았어. 우리가 폭력을 쓰지 않는다고 일본이 빼앗은 나라를 돌려주지 않는다는 것을 확실히 알게 된 거야. 그러니까 3·1 만세 운동 이후, 독립운동은 더 이상 비무장으로 할 수 없다는 걸 알았어. 어쩌면 이것이야말로 3·1 만세 운동을 통해 얻은 것 중 가장 중요한 것인지도 몰라.

이제 독립운동은 무장 투쟁으로 바뀌었어. 이 말은 목숨을 건 싸움을 하게 되었다는 것을 의미해. 정말로 수많은 사람들이 목숨을 잃고 나서야 빼앗긴 나라를 되찾을 수 있었지.

2. 전국 방방곡곡으로 퍼져 나가다

　서울에서 시작한 3·1 만세 운동은 어디까지 이어졌고 언제까지 계속되었을까?

　독립 선언식을 마친 뒤 지도부는 모두 붙잡혀 갔지만 시민들은 날이 저물도록 시위를 계속했고 그 다음 날에도 이어졌어. 3월 5일에는 1만 명이나 되는 학생과 시민 들이 모여 학생단 독립 만세 시위를 이어 나갔지. 첫날만큼 규모가 큰 시위는 아니었지만 중요한 건 3월 한 달 내내 서울 곳곳에서 크고 작은 시위를 벌였다는 거야.

　만세 시위의 불씨가 꺼지지 않고 계속 살아나는 사이에 서울에서 일어난 만세 운동 소식이 지방 곳곳으로 전해졌어. 만세 시위 소식이 전해진 곳에서는 조금 늦긴 했지만 머뭇거리지 않고 힘차게 만세 운동을 이어 나갔어. 전국 방방곡곡에서 만세 시위가 벌어졌다는 건 우리나라 사람 모두가 한마음 한뜻이라는 걸 말해 주는 거였어.

서울에서 시작해 전국 방방곡곡으로 번진 만세 시위에 대해 좀 더 알아볼까?

경기도

서울과 가까운 경기도 지역에는 만세 소식이 곧 전해졌지. 이 지역은 전국에서 가장 치열하게 만세 시위를 벌인 곳이야.

지금은 북한 쪽 땅이지만 일제 강점기에는 경기도에 속했던 개성에서는 3월 3일부터 시작해 4월 초까지 만세 시위를 이어 갔어. 학생 수가 가장 많았던 개성은 학생들이 중요한 동력이 되었어. 보통학교 지금의 초등학교 학생들은 교정에서 만세 시위를 했고 또 다른 학교에서는 동맹 휴학을 하고 시위를 벌였지.

만세 시위는 밤낮을 가리지 않았어. 수원에서는 마을별로 산상 횃불 시위가 등장하기도 했지. 캄캄한 밤에 산 위에서 횃불을 밝히고 '독립 만세'를 외치는 것인데 불빛과 함께 큰 외침이 산을 흔들리게 하고 주변을 깜짝 놀라게 해서 그 효과가 매우 컸다고 해. 게다가 밤이라 누가 횃불을 들었는지도 알 수 없어서 일본 경찰은 시위에 참여한 사람을 찾아내지 못했어.

항구가 있는 인천에서는 많은 상인들이 시위운동에 참여했어. 만세를 부르지는 않았지만 시위에 동조하여 가게 문을 닫고 장사를 그만두기도 했어. 일본 경찰이 상점 문을 열라고 하면 여는 척하다가 돌아서서 곧 닫아 버렸어. 돈 버는 일보다 더 중요한 일이 있다는 걸 알았던 거지.

강화도에서는 3월 18일 읍내 장터에서 대규모 시위를 한 이후 4월 중순까지 거의 한 달간에 걸쳐 시위를 벌였어. 강화 읍내 시위는 경남 진주와 더불어 가장 큰 규모였대. 감리교와 성공회 등 교회가 많았던 곳이라 이 사람들이 만세 시위운동을 이끌었어. 나라를 생각하는 마음도 같고 같은 종교를 가진 사람들인 만큼 함께 움직이기가 더 쉬웠을 거야.

농민, 상인뿐 아니라 기생도 시위에 참여했어. 기록을 보면 수원 기생 조합 기생 일동이 자혜 의원으로 검진을 받으러 갔대. 병원에 가다가 경찰서 앞에서 기생 김향화가 만세를 부르자 뒤따르던 기생들이 만세를 불렀어. 이 일로 김향화는 체포되어 징역 6개월 형을 받았다고 해. 이 사건은 여성들도

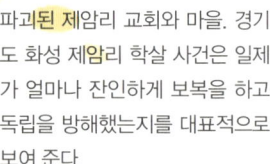

파괴된 제암리 교회와 마을. 경기도 화성 제암리 학살 사건은 일제가 얼마나 잔인하게 보복을 하고 독립을 방해했는지를 대표적으로 보여 준다.

만세 운동에 적극적으로 참여했다는 걸 잘 보여 주고 있어.

어디 여성뿐이었겠니? 경기도 안성 읍내면에서 일어났던 만세 운동에는 날품팔이하루 단위로 품삯을 받고 일을 하는 사람, 담뱃대를 만드는 공장 노동자, 노동자를 고용한 사람들까지 적극 참여했어.

시위를 거듭할수록 사람들은 그냥 만세만 외치는 것이 아니라 실제로 일본에 피해를 줄 수 있는 방법을 생각하게 되었어. 일본이 조직적으로 우리나라를 수탈하려고 만들어 놓은 면사무소, 경찰관과 헌병 주재소, 군청, 우편소 같은 곳을 습격해서 자료를 불태웠어. 비무장한 사람들에게 총을 쏘는 일본 경찰을 붙잡아 우리나라 사람이 당한 고통을 되갚아 주기도 했지. 운동 초기에는 평화적 시위로 진행되었지만 점차 일제 식민지 통치에 대해 무력으로 투쟁해야 할 필요를 느낀 거라고 할 수 있어.

물론 그럴수록 일제는 더 무자비하게 탄압을 했지. 그러다 보니 비극적인 사건들이 많이 생겼어. 제암리 학살 사건도 그중 하나야. 일제가 주민 37명을 교회당에 가둔 뒤 문을 잠그고 석유를 뿌려 불을 지른 거야. 1919년 4월 15일에 일어난 이 집단 학살 사건은 일제가 얼마나 잔인하게 보복을 하고 독립을 방해했는지 잘 보여 주고 있어.

강원도

강원도 지역에서는 3월 27일 즈음부터 시위운동이 일어났어. 왜 이렇게 늦게 시작했는지 궁금하지? 강원도는 지리적으로 산이 많고 교통편이 좋지 않았어. 게다가 일제의 감시망을 뚫기가 쉽지 않았지. 그러다 보니 만세 시위에 대한 정보가 조금 늦게 도착했지.

하지만 소식이 조금 늦고 일제의 감시망이 촘촘해도 독립을 향한 의지만큼은 다른 지역 못지않게 뜨거웠어. 시위가 벌어지면 도시락을 싸서 망태새끼 등을 엮어 물건을 담아 들거나 어깨에 멜 수 있게 만든 것에 넣고 산 넘고 물 건너 만세 시위장으로 모여들었다고 하니 말이야.

양양 3·1 만세 운동 기념비. 양양에서는 4월 4일 장날에 모여 대규모 만세 시위를 벌였다. 강원도 다른 지역보다 만세 운동이 크게 여러 날 이어졌다.

59

이번엔 북쪽으로 가 볼까?

> **황해도**

황해도 지역도 만세 시위가 매우 거셌다고 해. 천도교와 기독교 조직에 속한 사람들이 이끌었어. 황해도에는 기독교인 수가 특히 많았거든. 이 지역은 4월까지 만세 시위를 벌였어. 주목할 것은 이 지역이 다른 지역에 비해 폭력 투쟁 등 물리적 저항이 강했다는 거야.

> **평안도와 함경도**

우리나라 북쪽 지역은 중국, 만주, 러시아와 국경을 맞대고 있고 서울에서도 멀리 떨어져 있어서 아주 오래전부터 소외된 지역이었어. 하지만 국경 지역이라 근대 문명을 빨리 받아들일 수 있는 장점이 있었지. 장사를 통해 돈을 모은 사람이 많았던 거야. 이 지역에 사는 사람들은 교육을 통해 출세를 하려고 했어. 서양의 문물을 일찍부터 받아들이다 보니 종교도 다른 곳보다 더 일찍 받아들였지.

일본은 국경 지역인 이곳에 더 많은 헌병과 군대를 배치했어. 그런 이유로 이 지역 사람들이 일제에 대해 더 격렬하게 반항했겠지. 일제에 의해 받았던 피해도 서울, 경기 다음으로 컸다고 해.

3·1 만세 운동사에서 가장 끔찍했던 사건도 바로 이 지역에서 벌어졌어. 지금의 평양이 있는 평안남도 지역에서 일어난 맹산 사건이야. 이 사건은 한

장소에서 짧은 시간에 가장 많은 목숨이 희생된 사건으로 기록되고 있단다.

맹산 사건은 앞에서 들려준 제암리 사건과 아주 비슷해. 3월 10일이었어. 이날 천도교인이 주도하고 기독교인이 가세해 만세 시위가 시작됐는데 기독교계 학교 선생님 1명이 체포된 거야. 맹산 주민들 60명이 체포된 교사를 석방하라며 헌병 분견소로 달려갔대. 그러니까 분견소장이 일단 평화적으로 해결하자고 하면서 안으로 들어오라고 하고는 갑자기 문을 잠그고 총을 쏘아 댔대. 불행 중 다행으로 생존자 2명이 목숨을 걸고 탈출하는 데 성공했어. 두 사람은 외국인 선교사들에게 이 끔찍한 사건의 진실을 이야기했고 선교사들이 이 사실을 밝힘으로써 세상에 알려졌어.

평안도와 함경도 지역의 만세 운동은 유난히 격렬했어. 오랫동안 변방에 머물며 소외되어 억울하고 속상한 마음에다 유난히 일본의 감시가 심했던 곳이어서 한번 터진 마음의 울분이 쉽게 가라앉지 않았을 거야. 이 지역 사람들은 경찰 주재소로 직접 달려가서 시위를 했어. 다치더라도 충돌을 각오한 거지.

이곳도 황해도처럼 종교인들의 힘이 매우 컸어. 천도교와 기독교는 식민지 상황에서 민족주의를 교육하고 실천하는 일에 몰두했거든. 종교인들이 나서고 나라가 돌아가는 사정에 밝은 학생들이 가세했으니 지도부가 탄탄했던 거지. 지속적이고 힘 있는 투쟁을 하기 위해서는 지도부의 역할이 몹시 중요해. 투쟁의 방식도 비폭력만을 고집하지 않았어.

3·1 만세 운동과 독립운동사에서 종교인들의 역할은 정말 크고 중요했어.

3·1 만세 운동 이후에도 천도교와 기독교, 불교 조직이 동원되었고 이들 종교인을 중심으로 한 시위운동은 쉽게 가라앉지 않아.

충청도

3월 1일부터 시작한 만세 시위는 4월이 되어도 끝날 줄 몰랐지만 시위가 거듭될수록 상처를 입거나 목숨을 잃는 사람들도 점점 늘어 갔지. 시위를 계획하고 앞장서서 이끈 사람들은 체포되어 짧게는 몇 달, 길게는 몇 년 동안 감옥에 갇혀 있어야 했어.

자유를 빼앗긴 것뿐만이 아니라 고문도 당했어. 감옥 안에서 목숨을 잃거나 풀려나서도 고문 후유증으로 오랫동안 고통을 겪어야 했지. 놀라운 건 그럴수록 독립을 향한 우리 민족의 의지는 더욱 강해졌다는 거야.

3·1 만세 운동이 서울을 중심으로 펼쳐졌다는 이야기는 했지? 그러다 보니 서울에서 멀리 떨어진 지역에는 만세 운동이 벌어지고 있다는 소식이 조금 늦게 도착했어.

충청도도 그랬어. 충청북도 청주에는 3월 7일이 되어서야 처음으로 독립 선언서가 일반인에게 전달되었대. 비록 소식이 늦어 만세 운동을 뒤늦게 시작했지만 4월 20일까지 줄기차게 이어 갔단다.

이 지역도 다른 지역과 마찬가지로 지방 유학자나 유림, 천도교인, 학생, 상인, 농민 등 신분, 계층, 직업에 관계없이 만세 운동에 참여했어.

횃불 만세 운동은 이제 어느 곳에서나 볼 수 있었어. 캄캄한 밤에 산 위에

유관순 열사의 형무소 수형 카드. 유관순은 3·1 만세 운동 이후 붙잡혀 심한 고문을 받았지만 독립에 대한 의지를 굽히지 않았다.

서 불을 밝히니 일본 경찰과 부딪힐 일도 없고 누가 했는지 찾아내기도 쉽지 않아서 낮에 하는 만세 시위보다 위험이 덜했을지도 몰라.

만세를 부르고 불을 밝히는 것뿐 아니라 다양한 방법으로 일제에 저항했어. 공주에 사는 박장래라는 사람은 자신이 쓴 독립가를 전달했고 당진 사는 한운석이라는 사람은 직접 작사한 애국가를 부르기도 했대. 충청남도 임천 구교리에서는 마을 사람들이 모여 독립 선언서를 읽고 만세를 부른 다음 경찰 주재소에 가서 우리 민족의 독립을 인정해 달라고 요구했다고 해. 일본 경찰이 이런 요구를 받아들였을 리 없지만 중요한 것은 주권을 빼앗긴 사람들이 빼앗긴 것을 돌려 달라고 정확하고 분명하게 행동으로 보여 주었다는 거야.

3·1 만세 운동에 대해 이야기할 때 꼭 등장하는 인물이 유관순 열사잖아. 유관순은 서울에서 학교를 다니면서 만세 운동에 직접 참여했어. 이후 일제

의 탄압이 심해지자 고향인 충청도 병천에 내려가서 서울에서 직접 보고 겪은 것을 아버지와 마을 어른들에게 전하고 만세 운동을 이끌었단다. 그 일로 붙잡혀서 끔찍한 고문을 받다가 목숨을 잃었지.

유관순 열사뿐만 아니라 충청도에서 만세 운동에 참여한 사람들도 무자비한 탄압을 받았어. 경찰과 헌병은 닥치는 대로 사람들을 체포했고 감옥에 가뒀어.

다른 지역도 마찬가지야. 마치 끝낼 수 없는 줄다리기 같은 싸움이었어. 어느 쪽도 먼저 지칠 수 없었지. 하지만 총과 칼에 맞서 목숨을 걸고 만세 운동을 했던 우리나라 사람들이 훨씬 강했다고 생각해. 한일 병합 후 10년간 나라를 빼앗긴 고통과 설움을 온몸으로 겪어 온 사람들이었잖아. 이번 만세 운동은 그동안 쌓인 화와 분노, 억울함을 터뜨리는 계기였어. 그중에서도 가장 고통받은 사람들은 힘없는 사람들, 바로 농민들이었지. 만세 운동은 그들이 마음을 표현할 기회였고 머뭇거릴 수 없었을 거야. 그러니 붙잡혀 가고 고문을 당하고 목숨을 잃으면서도 만세 운동을 멈출 수 없었던 것 아닐까?

앞장서서 만세 운동을 이끌다 순국한 사람들도 억울하고 분한 마음이기는 매한가지였어. 왜냐하면 그들 모두가 주권을 빼앗긴 식민지 조국의 시민들이었으니까 말이야.

전라도

전라도 지역은 예로부터 잘 알려진 곡창 지대야. 너른 땅이 거의 논이었으니 우리나라나 일본 제국에게나 몹시 중요한 곳이었어. 그만큼 빼앗길 것이 많다는 뜻이기도 해. 농사는 1년 동안 땀을 흘려야 곡식을 얻을 수 있어. 아주 힘든 일이지. 이 지역 농민들이 그렇게 힘들게 농사를 지어 놓으면 나라에서 빼앗다시피 많은 곡식을 세금으로 거둬 가서 억울했는데 이젠 일본마저 빼앗아 가니 도저히 참을 수가 없었지.

전라도에는 커다란 항구가 두 개나 있었어. 목포항과 군산항은 일찍부터 개항을 해서 이곳을 통해 드나드는 외국인들이 많았지. 지리적으로 매우 중요한 곳이 되었던 거야. 그러다 보니 철도도 일찍 생겼어. 중요한 것은 일제가 철도를 만든 속셈이야. 철도를 이용해 우리나라에서 생산한 곡식이며 해양 자원 등을 실어 가려고 한 거야. 항구와 철도는 수탈 창구이자 도구였던 거지. 그러니 이 지역 사람들이 일제의 침탈에 더 강하게 저항할 수밖에 없지 않았겠어?

1894년 동학 농민 혁명과 한말 의병 활동이 이 지역에서 일어났던 것은 자연스러운 일이야. 농민 전쟁은 실패로 끝났지만 이 사람들이 후에 의병이 되고 독립운동가가 되었어. 그야말로 이 지역은 국권 회복 운동과 독립운동의 중심지 역할을 한 곳이야. 당연히 일제의 무력 탄압이 심했지. 이곳에 살았던 주요 인사들은 일제의 억압을 피해 만주나 상하이로 떠났어. 그곳에서 독립 의군부나 광복단 활동에 참여했지. 농민 전쟁과 의병 활동, 그리고 만세 운동을 거치며 독립운동의 의지가 꺾이기는커녕 점점 더 커져 갔어.

전라도에서도 전북 지역은 농민 운동이 시작된 곳이고 이후에 천도교가 널리 보급되어서 천도교가 중심 역할을 담당했어. 기독교는 전라남북도에서 독립운동의 또 다른 한 축을 담당했지. 목포항과 군산항을 통해 서양의 기독교가 이 지역에 많이 전파되었고 기독교계 학교도 설립되었거든.

이 지역에는 군대처럼 훈련을 받은 적은 없어도 목숨을 걸고 싸워 본 농민군이 있었고 민족적 자부심을 공부한 학생과 유학생들이 많았어.

전주, 임실, 정읍, 고창 등 전북 지역 만세 운동은 3~4월에 집중되었다가 5월부터 뜸했어. 다른 지역과 마찬가지로 장날을 이용해 만세 운동을 벌였지. 물론 일제는 무력으로 진압했고 많은 사람들이 부상당하고 목숨을 잃었어.

제주도

바다 건너 제주도에도 3·1 만세 운동 소식이 전해졌어. 서울 휘문 학교에 다니던 김장환이 3·1 만세 운동에 참가했다가 3월 15일 고향인 제주도로 돌아왔거든. 그가 서울 소식을 전하고 사람들을 모아 만세 운동을 준비했어.

3월 21일 오후 3시경, 조천리 미밋 동산지금의 조천 만세 동산에서 독립 선언서를 낭독하고 만세를 부르며 시위를 했단다. 며칠 후에는 앞서 시위에서 붙잡힌 사람들을 석방하라고 외치며 더 많은 군중이 모여서 '대한 독립 만세'를 불렀어. 제주도 만세 운동으로 붙잡힌 김장환 등은 1년 동안 옥고를 치렀어.

전라도와 제주도의 만세 운동은 서울보다 며칠 늦었지만 민족의 독립을 향한 열망은 똑같았어.

제주 조천 만세 동산. 이곳에는 현재 3·1 독립운동 기념탑이 세워져 있고 근처에 제주 항일 기념관과 공원이 만들어져 있다.

경상도

부산과 마산, 대구를 중심으로 한 경상도 지역의 만세 운동은 3월 11일 부산진 일신 여학교에서 첫 시위를 한 뒤로 4월 말까지 2개월 가까이 지속적으로 확산되었어.

당시 학생들은 학생 대표를 중심으로 조직적으로 움직였어. 서울의 학생 대표는 '경성 학생단' 이름으로 지역 학생 대표들에게 독립 선언서를 전달했단다. 경성은 일제 강점기에 부르던 서울의 다른 이름이야. 일신 여학교에도 그 소식이 전해졌고 기숙사 고등과 학생들이 벽장 속에 숨어 밤새워 태극기를 만들었어. 그리고 3월 11일 오후 9시에 준비한 태극기를 들고 독립 만

세를 부르며 기숙사 문을 나와 좌천동 거리를 누비며 시위를 했어. 경남 지역에도 마침내 만세 운동이 시작되었어. 일신 여학교 시위 주동자는 전원 체포되었대.

경상도 지역은 일제의 침탈이 가장 심했던 곳이라 항일 의식과 일제를 향한 저항은 그 어느 곳보다 강렬했어. 경상도의 만세 운동 절정기는 3월 중순부터 4월 중순까지였어. 어디서나 직접 시위운동을 벌인 것이 특징이지. 봉화를 올리지도 않았어. 다른 지역과 마찬가지로 학생, 기독교인, 천도교인, 농민, 노동자가 주도했단다.

특히 3월 13일에 있었던 부산의 '동래 고보 시위'는 순수하게 동래 고보 학생들로만 진행되었다는 점에서 기억할 만해.

서울에서 출발한 만세 운동의 물결이 이렇게 전국으로 번져 나갔어. 한반도의 동쪽 아래 끝까지 도착한 거지. 중심에서 멀어질수록 물결 높이가 높은 것처럼 단지 시간이 조금 늦었을 뿐이야. 중요한 것은 전국 방방곡곡에 살고 있는 사람들에게 독립 선언서를 전달하고 독립의 필요성을 알게 하는 것이었어.

비록 3·1 만세 운동으로 독립을 이루지는 못했지만 그날부터 두어 달 동안 독립을 향한 의지를 전국에 사는 거의 모든 사람들에게 심어 주는 계기가 되었어.

무기도 없이 비폭력을 주장하는 식민지 백성들의 저항에 일제는 군인으로 훈련받은 경찰과 헌병을 보란 듯이 앞에 내세웠어. 의지로는 일제를 쫓아내고도 남았지만 그들이 가진 무기와 무력 앞에서 우리가 가진 힘은 아쉽게도 보잘것없었어.

현실이 이렇다는 것을 깨달은 것만으로도 큰 의미가 있어. 무기도 없이 맨몸으로 일제를 쫓아낼 수 없다는 것을 알았기 때문에 3·1 만세 운동 이후 항일 독립 운동은 무장 투쟁으로 바뀌게 되었으니 말이야.

전 국민에게 독립을 향한 강한 의지를 심어 주고 많은 사람들을 독립투사로 만든 것이 3·1 만세 운동이야. 나아가 그 후로도 아주 오랫동안 이어질 독립운동이 어떤 방향으로 나아가야 할지 확실히 알게 해 준 것도 3·1 만세 운동이지. 길고 험한 독립운동사에서 3·1 만세 운동은 중요한 기준점이 되었어.

34번째 민족 대표, 스코필드 박사

우리가 기억해야 할 외국인이 있단다. 바로 캐나다인 프랭크 스코필드야. 스코필드는 1916년 세균학을 가르치기 위해 우리나라로 왔단다. 시간이 날 때마다 학생들과 성경책도 함께 읽었지. 그러던 어느 날 같은 학교에서 근무하며 가깝게 지내던 사무원 이갑성이 스코필드를 찾아왔어. 이갑성은 학생들과 함께 만세 운동을 준비하고 있었어. 외국의 상황은 어떤지 알기 위해 스코필드를 찾아온 것이었어. 스코필드는 기쁜 마음으로 이들을 돕기로 했어. 나라를 빼앗긴 조선 사람들에게 힘이 되고 싶었지. 외국 신문과 잡지를 찾아서 도움이 될 만한 기사들을 알려 주기도 했어.

3월 1일이 되자 스코필드의 마음도 벅차올랐어. 눈을 뜨자마자 사진기를 들고 탑골 공원으로 달려갔어. 역사적인 순간을 사진으로 남기고 싶었거든. 스코필드에게 만세를 부르는 조선 사람들은 무척 위대해 보였어. 죽음을 각오하고 나라의 독립을 외치고 있다는 것을 알고 있었기 때문이지.

프랭크 스코필드(왼쪽 학생들 맨 뒤).

제암리 학살의 현장도 스코필드의 사진으로 남길 수 있었단다. 일본 군인들이 제암리 주민들을 교회에 가두고 총을 쏘고 불을 질렀던 사건 말이야. 소식을 듣고 스코필드는 한달음에 제암리로 달려갔어. 불타 버린 마을을 보고 스코필드는 가슴이 찢어지는 듯했어. 아무 잘못도 없는 선량한 사람들에게 왜 이런 일이 생겼는지 이해할 수가 없었어. 무언가 잘못되었다고 생각했지. 스코필드는 비참하고 끔찍한 현장을 사진으로 남겨 다른 나라에 널리 알렸단다.

스코필드는 나라를 팔아먹은 대표적인 매국노 이완용과 만날 기회가 있었단다. 이완용은 스코필드에게 예수를 믿으려면 어떻게 해야 하느냐고 물었어. 스코필드는 "이천만 민족에게 용서를 구하고 난 뒤에야 예수를 믿을 수 있습니다."라고 대답했어. 나라와 민족을 배신한 이완용의 잘못을 꾸짖은 거지.

스코필드는 독립운동을 하다 감옥에 들어간 이들을 위로하고 약도 넣어 주며 돌보았어. 심한 고문에 대해서는 항의하기도 했단다. 일본에게 스코필드는 큰 고민거리였지. 결국 1920년 스코필드를 강제로 캐나다에 보내 버렸어. 스코필드는 캐나다에 가서도 독립운동을 적극적으로 도왔어.

스코필드는 조선과 조선 사람의 정신을 무척 사랑했단다. 일제의 만행과 우리 민족의 독립운동을 꼼꼼하게 기록해 『끌 수 없는 불꽃』이라는 원고를 쓰기도 했지. 그가 사랑했던 것은 우리 민족의 독립을 향한 꺼지지 않는 뜨거운 마음이 아니었을까? 스코필드는 자신이 죽으면 조선에 묻어 달라는 유언을 남겼고, 외국인으로는 처음으로 국립묘지에 잠들었단다.

3. 만세 운동에 참여한 어린 독립운동가

3·1 만세 운동은 서울을 중심으로 시작됐지만 마치 뜨거운 피가 실핏줄을 타고 온몸 구석구석까지 전해지듯이 우리 모두의 만세 운동이 되었어. 성별, 직업, 신분, 종교에 차별을 두지 않았단다. 우리나라가 독립하기를 원하는 사람이라면 누구나 참여했지. 그들 한 사람 한 사람이 3·1 만세 운동을 이끈 주인공이라는 걸 꼭 기억해야 해.

일제 강점 당시 외국인들이 우리나라에 많이 들어와 있었어. 선교사, 사업가, 예술가, 기자 등 직업도 다양했지. 그 사람들은 3·1 만세 운동에 직접 참여하지는 않았지만 한국의 만세 운동을 유심히 지켜봤어. 그리고 그 소식을 자기 나라에 돌아가서 알렸어. 또 기사와 보고서를 만들어 본국에 보내는 일을 했어. 특히 3·1 만세 운동 당시 아주 어린 아이들까지 참여한 것은 이들에게 큰 감동을 준 것 같아.

1920년경 미국 필라델피아에 있던 한국 공보국에서 『한국의 어린 순국자들』이라는 작은 책을 하나 만들었어. 그 책은 한국에 선교사로 와 있던 사람들이 직접 본 이야기를 기록한 거야. 어리다고는 했지만 아마 초등학교 4~6학년에서 중·고등학교 학생쯤 되었을 거야. 우리가 미처 몰랐던 한국의 어린 순국자들이 어떤 활약을 펼쳤는지 한번 들어 봐!

학생들은 3월 1일 만세 운동 때 어른들과 함께 "주먹을 위로 올리고 모자를 흔들며 힘차게 독립을 부르짖었어." 학생이 일제에 저항할 수 있는 방법 중 하나가 수업을 거부하거나 학교에 가지 않는 거였어. 어떤 학교에서는 만세 삼창을 한 뒤 책을 내던지고 밖으로 나가 행진을 했는데, 그 때문에 이 학교는 일본에 의해 폐교되고 말았어.

당시 교회가 세운 학교에 다니던 여학생들은 학교가 끝나면 거리 모퉁이에 몇 명씩 모여 자유의 노래를 불렀다고 해. 일본 경찰이 해산하라고 해도 여학생들은 말을 듣지 않았어. 그러자 일본 경찰은 비겁하게 총으로 위협하고 곤봉으로 때리고 학생들을 체포했지. 열흘 넘게 감옥에 가둬 두기도 했어.

그런데 우리나라 학생들은 정말 용감했어. 일본 경찰이 겁을 주며 잘못을 말하라고 해도 "조국의 자유를 위해서는 목숨도 기꺼이 바치겠다. 한국이 살고 독립을 얻기만 한다면 우리 몸이 어떻게 되어도 상관없다."고 말했대.

한 여학교에서는 학생들이 뒷길로 몰래 빠져나가 만세 운동에 참여했어. 이 일로 학교나 선생님들에게 피해가 갈까 봐 스스로 학교를 그만두겠다고 했대. 이 학생들은 경찰서 앞에 서서 '만세'를 외쳤어. 이런 학생들이 수백 명이 넘었다고 해.

조금 더 어린 아이들은 매일 아침마다 도시 구석구석에 태극기를 매달곤 했대. 일본 경찰이 태극기를 떼어 내면 다음 날 또 달려 있고 그러길 반복했어. 마치 일본 경찰과 숨바꼭질을 하듯 말이야.

한 나라를 상징하는 국기를 아끼고 지키는 일도 나라를 사랑하고 일제에 저항하는 행동이 아닐까? 게다가 당시 우리는 일본에게 나라를 빼앗긴 상태였잖아. 태극기를 몰래 가지고 있는 것도 위험한데 그걸 꺼내 보이고 자랑스럽게 흔들었으니 그 자체만으로도 대단히 용기 있는 행동이라고 생각해.

절이나 교회에서 울리는 종소리를 들은 적이 있을 거야. 그 소리를 듣고 있으면 마음이 편안해지잖아. 이 종과 관련한 일도 있었어.

만세 운동이 한창이던 어느 날 밤이었어. 두 명의 어린이가 한일 병합 이후 한 번도 울린 적 없는 종각에 들어갔대. 그리고 힘껏 종을 울렸어. 그게 바로 서울 종로 보신각에 걸려 있는 종이야. 갑자기 종소리가 울리니 여러 사람이 놀랐겠지. 일본 경찰은 말할 것도 없고 말이야. 경찰이 아이들에게 당장 내려오라고 했어. 그때 아이들이 말했지. "우리들은 독립의 종을 울리고 있다. 우리는 독립을 선언했다. 그리고 오늘 밤 우리는 모든 국민들이 그것을 알도록 종을 울리고 있는 것이다."라고 말이야.

 당장 내려오라고 하니 글쎄 이 당돌한 꼬마들이 독립을 위한 타종을 끝낼 때까지 기다려 달라고 했다는구나. 이 사건을 전한 사람에 의하면 일본 경찰은 그만 포기했고 이 용감한 아이들은 원하는 만큼 실컷 종을 쳤다고 해. 그러고 나서 경찰서로 잡혀갔지. 아이들은 어떻게 되었을까?

 이런 일도 있었어. 열세 살 남자아이였어. 그 아이가 일본 총독부가 소유한 한 건물의 문에 "이 문은 총독에게 속하는 것이 아니다. 이것은 한국의 독립 정부에 속한다. 만세! 만세! 만세!"라고 써서 태극기와 함께 붙였대. 이 소년도 체포되었지.

 한 초등학교에서는 더 이상 그 학교에서 공부하지 않겠다면서 만세를 부르고 교실 창문을 몽땅 깨 버린 일도 있었어. 일제의 재산을 망가뜨린 거지.

　아이들은 24시간 동안 경찰서에 갇혀서 누가 그 일을 시작했는지 말하라고 고문을 받았어. 아이들은 아무도 시킨 사람이 없고 모두 함께 한 일이라고 말했대. 결국 아이들은 감옥으로 보내졌고 조국의 독립을 외쳤다는 이유로 2주일 동안 갇혀 있었다는구나.

　1910년대는 지금 같은 통신 시설이 거의 없던 시절이야. 그나마 사람들 사이에 소식을 전달해 주는 건 신문이었어. 그때 당시 신문은 중요한 소식을 여러 사람에게 한 번에 알릴 수 있는 수단이었지. 3·1 만세 운동 때에는 만세 운동 소식과 함께 국내외 상황을 곳곳에 알릴 필요가 있었어. 그러다 보니 신문을 곳곳에 전달할 사람이 필요했고 이 일을 어린 여자아이들이 나서서 했어. 중요한 소식이다 보니 당연히 일본 경찰에게 들키지 말아야 했어.

굉장한 용기가 필요한 일이었지.

여자아이들은 빨래 바구니나 치마 속에다 신문을 감췄어. 하지만 일본 경찰의 감시를 벗어나기는 힘들었지. 조금만 이상해도 득달같이 달려들어 몸을 뒤졌으니 말이야. 들켜서 신문은 찢어지고 아이들은 체포되었어. 기록에 의하면 3월 5일을 전후해 약 1주일 동안 100명 넘는 아이들이 체포되었다고 해.

일제는 아이들이라고 해서 봐주지 않았어. 때리고 겁주고 심지어 칼을 쓰기도 했어. 정말 무섭고 겁도 났을 거야. 하지만 아이들은 넘어지고 잡히고 혼이 나면서도 기꺼이 어른들을 도왔지.

이 어린 독립운동가들도 3·1 만세 운동의 역사에 마땅히 기록되고 또한 기억해야 해. 3·1 만세 운동 이후 나라를 되찾는 데는 26년이라는 시간을 더 기다려야 했잖아. 이 어린 독립운동가들이 미래의 독립운동가로 성장했기에 가능한 일이었을 거야.

아이들이 보여 준 용기 있는 행동을 꼭 기억하자꾸나. 어린아이들까지 힘을 보탰기에 3·1 만세 운동이 우리 모두의 3·1 만세 운동이 된 거야.

3부 나라 밖 만세 운동

1. 서간도 만세 운동

　나라 밖에 살고 있었던 사람들은 3·1 만세 운동 소식을 듣고 기쁨의 눈물을 흘렸어. 그 눈물에는 우리나라 독립을 함께 외치지 못한 안타까움도 들어 있었어. 동포들은 3·1 만세 운동의 불꽃이 꺼지지 않도록 계속 이어 갔어. 우리 민족이 사는 곳은 어디에서나 만세 소리를 들을 수 있었단다.
　한국 사람들이 특히 많이 살았던 간도에서도 3·1 만세 운동이 일어났어. 간도는 두만강 건너편에 있는 지역으로 지금의 중국 지린성 동남부 지역을 말한단다. 간도는 서간도와 북간도로 나뉘는데, 서간도는 압록강과 쑹화강 위쪽 장백산 부근을 가리키고 북간도는 두만강 북부를 가리켜.
　그럼 먼저 서간도에서 3·1 만세 운동이 어떻게 펼쳐졌는지 살펴볼까?
　서간도의 3·1 만세 운동은 3월 12일 싼위안푸에서 일어나서 3월 중순에는 서간도 여러 지역으로 퍼져 나갔어. 그리고 4월까지 계속되었지. 독립에 대한 우리 동포의 열망이 꺼지지 않았던 것처럼 말이야.

쌴위안푸는 을사늑약 이후에 서간도에 세워진 독립운동 중심지라 아주 중요한 곳이기도 했어. 3·1 만세 운동 소식을 듣고 많은 우리나라 사람들이 교회에 모였어. 3·1 만세 운동의 독립 선언을 축하하고 일제의 잘못된 행동에 항의하기 위해서였지. 모임을 이끈 사람들은 큰 목소리로 연설을 했어.

"조선 광복이 때가 다가왔으니 모두 일어나 광복을 위해 앞장서야 합니다!"

나라 밖에 있지만 광복에 대한 마음은 똑같이 간절했던 거야. 여러 사람들

이 나와 일본이 저지른 잘못된 일들을 강하게 비판했어. 다른 사람들도 '대한 독립 만세'를 부르며 뜻을 함께했어. 만세를 부르는 사람들의 행렬에 중국 군경들이 총을 쏴 사람들이 쓰러지는 일도 있었단다.

보홍 학교에서는 학생들과 주민들이 모여 '대한 독립 만세'를 힘차게 부르며 독립 선언 축하식을 크게 열었어. 19일에는 은양 학교와 삼성 여학교 학생과 교포 들이, 이틀 후에는 보홍 학교 학생들이 행진을 했어. 학생들은 행진을 하면서 독립을 하겠다는 의지를 많은 사람들에게 알렸어.

앞에서도 이야기했던 것처럼 싼위안푸 지역은 독립운동의 중요한 근거지였어. 그러니까 당연히 일제의 감시도 심했겠지. 일제는 중국 경찰들을 통해 독립 선언을 외치는 우리 동포들이 시위를 하지 못하도록 방해했어. 그래서 다른 방법을 찾을 수밖에 없었지. 시위 대신 만주 곳곳에서 독립 만세 운동이 일어날 수 있도록 돕기로 한 거야. 실제로 서간도 시위운동에서 중요한 역할을 했던 단체가 여러 지역으로 흩어져 독립 만세 운동을 이끌었단다.

서간도에서 3·1 만세 운동은 이처럼 평화적으로 펼쳐졌어. 총과 칼과 같은 무기의 힘을 빌리지 않고, 독립 선언 축하식을 열거나 일제의 잘못된 행동을 꾸짖는 시위처럼 말이야. 그러다가 나중에 의병 활동을 했던 지도자들이 함께하면서 무장 시위운동으로 바뀌어 갔어. 평화 시위만으로는 일본에 맞설 수 없다는 것을 깨달은 거야. 이제는 무기를 갖고 일제에 강하게 맞서 우리나라의 독립을 이루겠다고 생각한 거지.

싼위안푸(한자말로는 삼원포)

싼위안푸는 서간도에 위치하고 있어. 이곳은 일본의 탄압을 피해 나라 밖에서 독립운동을 할 만한 곳을 찾던 중 결정된 곳이야. 많은 독립운동 단체와 무관 학교가 이곳에 자리를 잡았단다. 많은 독립운동가들도 이곳으로 망명을 했지. 이회영 일가도 그중 하나였어. 이회영은 전 재산을 정리해서 가족과 함께 싼위안푸로 왔어. 그 재산이 600억 정도가 되었다고 하는구나. 그 재산은 고스란히 독립을 위한 자금으로 쓰였지.

싼위안푸에서는 우리나라 사람들이 일을 스스로 책임지고 처리하기 위해 단체를 만들기도 했어. 바로 경학사야. 농사를 짓고 배우자는 뜻을 가지고 있어. 경학사는 군사 교육을 하는 신흥 강습소도 설립했어. 신흥 강습소는 나중에 신흥 무관 학교로 이름을 바꾸지. 신흥 무관 학교에서는 많은 독립운동가들이 배출되었단다.

경학사가 있던 대고산(왼쪽)과 신흥 강습소가 세워진 싼위안푸 마을.

2. 북간도 만세 운동

　북간도에서는 3·1 만세 운동 이전부터 함께 힘을 모아 일제에 맞서기 위한 시위운동을 준비하고 있었어. 나라 안과 밖에서 동시에 시위운동을 펼치려고 했던 거야. 그러던 중에 3·1 만세 운동 소식이 들려왔어. 독립 선언서도 전해 받았어. 뛸 듯이 반가웠단다.

　북간도에서 시위를 준비하던 지도자들은 시위운동의 방향을 바꾸었어. 나라 안에서 3·1 만세 운동이 먼저 일어나고 독립이 선언되었으니 이 선언을 축하하고 뜻을 함께하는 쪽이 맞겠다고 생각한 거야. 그래서 '조선 독립 축하회'라는 독립 선언식을 치르기로 했단다. 낮 12시 룽징촌 북쪽에 있는 서전벌에서 말이야. 독립 선언서와 태극기를 만들어 나눠 주기도 하면서 며칠 동안 열심히 준비를 했어. 1부에서 이야기했던 서전서숙은 바로 여기 서전벌의 이름을 딴 거란다.

　드디어 1919년 3월 13일 아침이 밝았지. 그날따라 북간도에는 흙모래가

서전벌 서전서숙의 옛 모습(위). 룽징 서전벌의 독립운동은 3월 13일 3만여 명의 한인들이 모여 '독립 선언 포고문'을 낭독하면서 시작되었다. 아래 3·13 반일 의사릉은 시위 도중 사망한 13명이 묻힌 곳이다.

세차게 몰아쳤단다. 하지만 12시가 가까워지자 많은 사람들이 서전벌로 모여들기 시작했어. 먼 곳에 사는 사람들은 하루 전에 출발해서 꼬박 하루를 걸어 서전벌에 도착하기도 했지. 서전벌에는 헤아리기 힘들 정도로 사람들이 꽉 찼어. 이날 3만 명이 넘게 모였다고 하는구나.

"댕, 댕, 댕……." 교회 종소리가 12번 울렸어. 종소리를 신호로 조선 독립 축하회가 시작되었지. 먼저 '독립 선언 포고문'을 큰 소리로 낭독했어. 사람들은 태극기를 힘차게 힘들며 '대한 독립 만세'를 외쳤어. 그렇게 조선 독립 축하회가 끝나자 사람들은 '대한 독립'을 크게 쓴 깃발을 흔들며 시위행진을 했어.

이때 일본은 시위운동을 트집 잡아 군대를 북간도나 서간도 등에 보낼 계획을 갖고 있었어. 중국은 일본의 군대가 들어올까 봐 겁이 났어. 그래서 시위운동을 못하도록 막았단다. 중국 군대는 룽징 시내를 행진하는 사람들에게 총까지 쐈어. 여러 사람들이 다치는 비극적인 일이 벌어졌지. 이때 목숨을 잃은 희생자들은 볕 좋은 언덕에 묻어 주었어. 많은 사람들이 그들의 죽음을 슬퍼했단다.

북간도의 3·1 만세 운동의 물결은 멈추지 않았어. 훈춘 지방에서도 마찬가지였지. 항일 의병 장군 홍범도가 이끌었던 봉오동 전투를 들어 본 적이 있니? 일본군을 크게 무찔렀던 전투 말이야. 그 봉오동 전투가 일어나게 된 사건도 바로 이 훈춘 지방에서 일어났단다. 그 이야기는 4부에서 들려줄게.

훈춘은 동쪽으로는 시베리아, 남쪽으로는 두만강을 두고 있어서 러시아, 한국, 중국 모두와 가까운 지리적으로 중요한 곳이었어. 그리고 훈춘에는 황병길과 같은 독립운동가들이 독립운동에 큰 영향을 주고 있었어. 서울에서 3·1 만세 운동이 선언될 때 황병길은 직접 나라 안에 있는 독립운동가들과 연락을 취하기도 했단다.

훈춘의 독립운동가들은 '3·1 독립 선언 축하 민중 대회'를 계획했어. 일제에 맞서기 위해 수백 자루의 총도 준비했지.

3·1 만세 운동을 축하하기로 한 날이 밝아 왔어. 3월 20일 동포들은 벅차오르는 마음으로 집집마다 태극기를 달았어. 그리고 훈춘의 동문과 서문 사이로 모여들기 시작했어. 미리 와 있던 독립운동가들, 하루 전에 와 있던 동포들이 이들을 반갑게 맞아 주었지. 장사를 하는 동포들도 모두 가게 문을 닫고 행사에 참여했어. 그날 훈춘 시내에서 조선 사람을 볼 수 없을 정도였대.

황병길은 동포들을 향해 우리나라의 독립을 주장하는 연설을 시작했어. 우리 민족이 일제의 탄압 아래 비참한 삶을 살고 있지만 한국의 독립을 알릴 기회가 왔으니 단결하자는 내용이었어. 그리고 연설의 마지막은 이렇게 끝나.

"내가 말하는 큰 뜻을 위하여 몸과 마음을 바치겠다는 결심을 하신 분들은 손을 드시오!"

동포들은 모두 두 손을 높이 들고 만세를 외쳤지. 독립을 위하여 함께하겠다는 결심을 보여 준 것이었지. 다른 사람들의 연설도 계속되었어.

3·1 만세 운동 축하 열기가 한껏 달아올랐단다. 동포들은 훈춘 동문을 향해 행진했어. 학생들은 음악을 연주하고 '대한 독립 만세' 소리가 계속 터져 나왔어.

훈춘 독립운동 터. 훈춘은 러시아, 한국, 중국을 잇는 교통의 요지로 해외 독립운동 기지를 연결하는 곳이기도 했다.

4월 1일에도 황병길이 앞장서 시위운동을 펼쳤어. 이런 외침도 사람들 사이에서 간간이 들렸어. "두만강을 건너서 나라 안까지 밀고 들어가자!"

그렇게 멈추지 않고 힘을 모아 앞으로 나아가면 곧 나라를 찾을 수 있을 것 같은 희망도 생겨났지. 3·1 만세 운동 시위행진의 열기가 뜨거워질수록 일제의 경계도 심해졌어.

일제는 주모자들을 잡아들이기 위해 온갖 애를 썼어. 마침내 황병길이 중국 경찰에게 체포됐어. 일본에서는 황병길을 자신들에게 넘기라고 요구했지만 중국에서는 이를 거부했지. 다행히 황병길은 곧 석방됐어.

안투현은 북간도 지역에서도 특히 깊은 산골에 있는 곳이었어. 쑹화강이

흘러나오는 곳이기도 했지. 그래서 겨울에는 썰매로 꽁꽁 언 쑹화강을 건너 다른 지역을 오고 갔어. 마을들이 서로 멀리 떨어져 있어 한곳에 모이기도 어려웠어. 하지만 이 안투현에서도 독립 만세 운동이 일어났지. 독립을 바라는 한마음 한뜻이 많은 사람들을 한곳에 모일 수 있도록 한 거야. 처음에는 안투현에 살고 있는 대종교인들이 모여 독립 선언 축하식을 열었어. 대종교는 단군을 숭배하는 우리나라 고유의 종교란다. 그리고 3일 후에 그 지역 동포들이 모여서 독립 선언을 함께 축하했어.

북간도의 다른 지역에서도 3·1 만세 운동 시위행진이 열렸어. 기록을 보면 북간도에서는 3월 중순부터 4월 말까지 54회의 집회가 열렸다고 해. 거의 날마다 3·1 만세 운동이 열린 셈이지.

이렇게 우리 동포가 사는 곳이면 어디서나 3·1 만세 운동이 일어났어. 독립을 향한 열망이 어느 정도였는지 느낄 수 있지 않니?

이제 좀 더 먼 곳의 동포들을 찾아가려고 한단다. 바로 바다 건너 있는 미주 지역이란다. 미주는 아메리카를 말하는데, 우리 동포들은 주로 하와이, 샌프란시스코로 대표되는 캘리포니아, 그리고 멕시코 지역에 살고 있었어.

이곳에 살았던 동포들은 어떻게 3·1 만세 운동에 함께했을까?

3. 미주 지역 만세 운동

1902년 12월 인천항에서 우리 동포들을 실은 배가 출발했어. 목적지는 하와이였지. 이때부터 우리 동포들이 미주 지역에서 살기 시작했단다. 1905년 7월에 미주 이민이 금지될 때까지 하와이에 들어간 한국인들은 7천 명 정도라고 해.

미주 지역에 3·1 만세 운동 소식이 알려진 것은 3월 9일이었어. 기독교 단체를 대표하여 상하이에 파견된 목사 현순이 전보를 보냈던 거야. 미주 지역 한인들에게는 가뭄에 단비처럼 반가운 소식이었지. 지난 1월 이 지역에서 파리 평화 회의에 우리나라 대표를 뽑아 보내려다 실패해서 낙심해 있었기 때문이야. 국내 3·1 만세 운동 소식을 들으니 다시 힘이 났어. 나라의 독립에 한걸음 가까워진 기분이었지.

미주 지역은 다른 한인 사회가 3·1 만세 운동 소식을 듣고 바로 선언서를 발표하고 만세 시위운동을 펼친 것과는 달랐어. 우선 미주 지역 동포 대표들

 이 모여 회의를 열었어. 그리고 운동 방향을 12개로 정리했어. 하와이, 멕시코 등의 미주 지역 한인들이 함께할 수 있는 지침을 만든 거야. 대한민국의 독립을 선언하는 글을 발표하기도 했단다.
 또한 대한민국 독립을 알리는 큰 행사를 열기로 했어. 이 행사가 '제1차 한국 의회'야. 제1차 한국 의회는 한인 자유 대회라고도 불린단다. 아메리카 식민지 대표들이 필라델피아에 모여서 영국으로부터 독립할 것을 결정한

'제1차 대륙 회의'를 본보기로 삼은 것이지. 제1차 한국 의회는 1919년 4월 14일부터 16일까지 필라델피아 독립 기념관에서 열렸어. 이 행사에는 한국인만 참여했던 것이 아니란다. 한국인 대표와 함께 필라델피아 시장과 많은 미국인 후원자들이 함께했어.

   제1차 한국 의회는 서재필의 개회 선언으로 시작되었어. 서재필은 『독립신문』을 만든 사람이야. 정부 관리나 군인이 아닌 일반인이 만든 우리나라

하와이에서 열린 독립 선언서 낭독 행사. 독립 만세 운동은 국내에서만 아니라 한인들이 진출한 여러 나라에서도 벌어졌다.

최초의 신문이지. 독립 사상을 북돋는 신문 기사 때문에 일본의 미움을 받고 추방된 서재필은 미국에서 의사 일을 하면서 동포들을 모아 독립운동을 하고 있었단다.

　제1차 한국 의회는 민주주의라는 세계의 새로운 흐름에 맞춰 대한민국이 반드시 독립되어야 한다는 것을 주장했어. 민주주의에서는 자유와 평등을 통해 인간을 소중히게 대해야 한다고 주장한 거야. 또 이 의회에서는 대한민국 임시 정부를 적극적으로 돕겠다고 약속했어. 우리나라의 독립을 위해서는 미국과 미국에 사는 동포의 지원이 필요하다는 생각도 갖고 있었던 거야.

대회가 끝나고 동포들은 필라델피아 시내를 행진했어. 악대가 앞에 서서 힘차게 연주를 하고 그 뒤를 동포들이 대형 태극기와 '한국 독립 연맹(KOREAN INDEPENDENCE LEAGUE)'이라고 쓴 큰 깃발을 흔들며 따라 걸었단다. 행진은 처음 대회가 열렸던 필라델피아 독립 기념관까지 이어졌어. 독립 기념관에 도착해 독립 선언문을 큰 소리로 낭독했지. 낭독이 끝나자 대한민국 임시 정부 만세 삼창과 아메리카 합중국 만세 삼창이 울려 퍼졌어.

1919년 3월 1일 탑골 공원에서 시작된 3·1 만세 운동은 북간도와 서간도, 미주 지역 그리고 우리 동포가 사는 곳 어디에서나 펼쳐졌지. 비록 조국과 멀리 떨어져 있어도 독립에 대한 열정만은 더욱 뜨겁게 끓어올랐던 거야. 나라 안과 밖, 어디에 살고 있든지 우리 동포는 그렇게 하나였단다.

현순 목사

현순은 1879년에 역관 집안에서 태어났어. 역관은 통역을 맡은 관리를 뜻해. 그래서인지 현순은 어린 시절 한문을 배우고 커서는 영어 학교에 다니기도 했지. 일본 유학을 다녀온 뒤 동서 개발 회사에 취직했는데, 이 회사는 하와이 사탕수수 농장에서 일할 사람들을 모집하고 보내는 일을 하는 곳이었어. 현순은 가족과 함께 하와이로 떠났어.

기후도 다르고 일하는 환경도 나빠서 처음에는 무척 고생을 했어. 현순은 모임도 만들고 야간 학교에서 영어를 가르치기도 했단다. 다시 조선에 돌아와서는 목사가 되어 기독교를 알리고 영어를 가르쳤어.

3·1 만세 운동이 계획되고 있을 때 현순은 본격적으로 독립운동에 뛰어들게 돼. 상하이에서는 여러 지역에 있는 독립운동가들과 연락할 사람이 필요했는데, 영어를 잘하는 현순이 안성맞춤이었지. 현순은 상하이에서 3·1 만세 운동 소식을 듣고 독립 선언서를 전달받았어. 현순은 다른 사람들과 함께 독립 선언서를 영어로 번역했어. 미국에 전보도 보냈지. 그 덕분에 미국 교포 사회에도 3·1 만세 운동이 알려지게 되었어.

현순은 3·1 만세 운동 후에도 다른 나라에 독립을 알리는 일을 했어. 또 대한민국 임시 정부를 세우는 데도 많은 활약을 했단다.

4. 연해주와 일본 지역 만세 운동

연해주는 러시아 영토(프리모르스키 주)로, 두만강 위쪽에 위치한 곳이란다. 대표적인 도시는 블라디보스토크야. 3·1 만세 운동도 이곳을 중심으로 일어났어.

연해주에서는 3·1 만세 운동 전에 독립 선언과 시위운동을 계획하고 있었어. 고종의 죽음을 듣고 많은 사람들이 눈물을 흘리며 분개했지.

국내의 3·1 만세 운동 소식은 3월 9일에 전해졌어. 소식을 들은 모든 사람들이 큰 소리로 '만세'를 외쳤어. 그렇게 3·1 만세 운동의 불길이 연해주에서도 타올랐어. 원래는 러시아 정부의 허가를 받아 당당하게 독립 선언서를 발표하고 거리 시위를 할 생각이었어. 집집마다 태극기를 나누어 주었지. 그런데 허가를 받지 못했어. 독립 선언서를 영어와 러시아어로 번역하는 일이 생각보다 늦어졌기 때문이야. 또 러시아 정부도 모든 집회를 금지했고 일본과의 외교 관계를 해치는 모든 행동을 처벌하겠다는 명령을 내렸어.

블라디보스토크 만세 운동. 집집마다 태극기를 달고 2만 명의 동포들이 모여 독립 선언식을 열었다.

결국 허가를 받으려던 계획을 포기했어. 3월 17일 오후 집집마다 태극기가 게양됐어. 2만 명의 동포들이 모여 독립 선언식을 열었지. 그리고 청년과 학생 들이 시내로 달려갔어. 자동차와 마차에 타서 태극기를 흔들며 독립 선언서를 뿌렸어.

일본은 러시아 정부에 연락해 이들을 잡아들이도록 했지. 러시아는 독립운동을 금지하고 학생 2명을 구속했어. 그리고 집에 단 태극기들을 모두 내리도록 했어. 다음 날 조선인 노동자들은 모두 일을 나가지 않고 모여 시위 운동에 참가했지.

이후에는 '노인동맹단'과 같은 독립운동 단체들이 생겨났어. 노인동맹단은 46세 이상의 남녀 노인이 회원으로 활동한 단체야. 노인동맹단에서는 국내로 대표를 파견하기도 했어. 단원인 강우규는 서울역 앞에서 일본 총독에게 폭탄을 던져 일제의 간담을 서늘하게 했지.

한편, 일본에서도 3·1 만세 운동이 일어날 수 있었을까? 앞에서 이야기했듯이 일본 유학생들은 2·8 독립 선언을 통해 3·1 만세 운동의 바탕을 만들었어. 그 후 대부분은 국내로 들어와 3·1 만세 운동 준비에 큰 힘을 보탰어.

일본에 남은 유학생들은 계속해서 독립운동의 뜻을 이어 갔어. 3월 19일에는 오사카 지역에서 독립 선언서를 준비해 덴노지 공원으로 갔어. 일본어로 된 독립 선언서도 있었다는구나. 그런데 이 계획을 알고 있었던 일본 경찰들이 출동해 안타깝게도 뜻을 이루지는 못했어. 일본에서는 탄압이 심했기 때문에 작은 규모의 시위가 많았다고 해.

4부

3·1 만세 운동 이후

1. 임시 정부를 세워 독립을 준비하다

 3·1 만세 운동은 민족의 자존심을 회복시켜 준 사건이야. 이제 우리 민족 스스로 국가를 운영할 자신감이 생겼지. 그래서 임시 정부를 세워 항일 독립 운동을 계획하고 독립 이후를 준비하기로 했어. 그런데 임시 정부를 어디에 둘 것인지는 중요한 문제였어.

 국내는 일제의 탄압이 불 보듯 뻔해서 제대로 정부 기능을 할 수 없다고 생각했어. 무장 투쟁을 할 수 있는 러시아 블라디보스토크에 정부를 두자는 주장도 있었지. 그러나 국제도시인 중국 상하이에 두면 외교 활동을 활발히 할 수 있다는 주장이 가장 지지를 얻었어. 그렇게 해서 임시 정부를 세울 곳이 정해졌어.

 상하이는 3·1 만세 운동으로 많은 독립운동가들이 몰려들었지. 상하이 독립운동가들은 1919년 4월 10일에 모여서 대표자 회의를 열었는데 이때 참석한 의원은 29명이었어. 3·1 만세 운동 때문에 망명한 독립운동가들, 한

왼쪽은 1919년 당시 상하이 임시 정부 청사이다. 임시 정부는 독립 후 정식 정부를 수립하기 위해 세워진 준비 정부로 독립운동에 온갖 노력을 기울였다. 또한 『독립신문』(오른쪽)을 발행하여 세계 각지에서 전개된 독립운동을 홍보하고 선전했다.

일 병합이 되자마자 만주로 건너가 신흥 무관 학교를 세운 독립운동가들, 러시아에서 활동하는 독립운동가들, 대종교 관련 독립운동가들, 2·8 독립 선언과 관련된 조선 유학생들이 모였어.

1919년 4월 11일 대한민국 임시 정부가 만들어졌고 임시 정부의 정신을 담은 헌법을 세상에 알렸어.

임시 정부 헌법은 '대한민국은 민주 공화제로 한다. 사람들은 모두 평등하다.'라고 밝혀 두었어. 민주 공화제는 국민이 주인이라는 뜻이야. 헌법으로 국민이 주인이라고 확실히 말해 놓은 거지. 또한 행정, 입법, 사법의 삼권 분립을 확실히 했어. 개인의 자유와 재산을 보장하는 것도 써 놨어. 그리고

모든 공식 문서에서 1919년을 '대한민국 원년'으로 썼어. 원년이란 나라를 세운 해를 말해. 그러니까 우리 대한민국은 1919년에 세운 나라라는 뜻이야. 임시 정부 초대 대통령은 이승만이 되었어.

대한민국 임시 정부는 연통제와 교통국도 만들었어. 연통제는 안창호가 만든 국내 비밀 행정조직이야. 안창호는 상하이 임시 정부 내무 총장이었어. 오늘날 우리나라는 전국을 8도로 나누고, 도 안에 시가 있고 시 안에 군이 있지. 도, 시, 군, 면, 동으로 나눠 놓은 것을 행정 구역이라고 해. 이러한 행정 구역처럼 임시 정부도 전국의 행정 구역을 나눠서 나라 일을 보았지. 임시 정부는 이 연통제를 통해 임시 정부의 법령 등을 전달하고 군사 경험이 있는 사람을 모아 독립 시위운동을 이끌었어. 또한 교통국과 함께 독립 자금을 모아 임시 정부에 전달하고 국내에 독립운동 근거지를 만들었단다.

연통제는 비밀 행정 조직이라 아무도 몰랐어. 그러던 어느 날 평안남도 특파원이 체포되면서 세상에 알려진 거야. 일제는 경악했어. 간담이 서늘했지. 일제는 연통제를 뿌리 뽑지 않으면 조선을 통치하기가 힘들 거란 걸 알았어. 지독한 고문이 시작되었지. 일제는 임시 정부가 『독립신문』을 발행한 것도 알아냈지. 『독립신문』은 비밀 행정 조직을 통해 국내로 들어왔던 거야.

교통국은 통신 연락 기관이야. 뿔뿔이 흩어져 있는 독립운동 단체들 간의 연락이 필요해서 만들어진 조직이란다. 임시 정부는 중국 상하이에서 국내로 연락하기 쉬운 지금의 단둥에 교통국을 설치했지. 교통국이 설치된 곳은 이륭양행이란 회사 건물이었는데, 이 회사는 배로 물건을 실어 나르는 선박

회사였어. 이륭양행은 겉으로는 물건을 보내고 받는 일을 했지만, 실제로는 독립운동가들의 소식을 전하고 정보를 모으고 무기를 운반했단다.

이륭양행은 아일랜드계 영국인 조지 루이스 쇼라는 사람이 운영했어. 쇼는 우리 독립운동가들을 숨겨 주고 독립을 지지했어. 아일랜드도 영국의 지배를 받았기 때문에 나라 잃은 아픔을 잘 알았거든.

임시 정부 초대 경무국장을 지낸 백범 김구도 쇼의 도움을 받은 적이 있어. 3·1 만세 운동 직후에 김구는 무자비하게 탄압하는 일제를 피해 압록강을 건넜지. 이때 김구는 좁쌀 장수로 변장하고 이륭양행 배를 탔어. 배가 황해도 해안을 지날 즈음에 어떻게 알았는지 일본 경비선이 따라와 멈추라고 했어. 그러자 선장은 전속력으로 배를 몰아서 김구를 무사히 상하이로 데려다 주었지.

일제는 독립운동가들을 도와주는 쇼가 영 못마땅했어. 왜 안 그렇겠어. 결국 조선 총독부는 1920년 7월에 쇼를 체포하고 단둥을 떠나지 않으면 죽이겠다고 협박을 했어. 이륭양행에 대한 일제의 감시도 날로 심해졌어. 이륭양행 직원들은 변함없이 독립운동가를 도왔지만, 중국에서 일본의 영향력은 점점 커졌어. 쇼는 일본의 감시를 피해 중국 남부까지 갔어. 그러나 그 후로는 어떻게 되었는지 알 수 없어. 쇼가 떠나자 교통국도 문을 닫을 수밖에 없었단다.

2. 만주 무장 독립운동과 공군을 키운 미국의 비행 학교

독립운동가들은 즉각 독립 전쟁을 일으키자는 쪽과 외교로 독립을 이루자는 쪽으로 나뉘었어. 싸워서 나라를 되찾으려면 군대가 필요했지. 임시 정부는 군대도 조직하기 위해 힘썼어.

신흥 무관 학교는 만주로 떠나온 사람들이 서간도 지역에 세운 학교야. 이들은 나라를 되찾는 독립 전쟁을 치르려면 먼저 독립군부터 길러야 한다고 생각했어. 처음에는 중국인 옥수수 창고를 빌려서 학교를 열고, 학교 이름을 '신흥 강습소'라고 했어. 나중에 신흥 무관 학교로 이름을 바꿨어.

신흥 무관 학교 학생들은 낮에는 일하고 밤에는 공부했어. 또한 전쟁 중에 벌어질 상황에 대처하기 위한 기술과 방법을 배우고, 무기를 가지고 훈련했어. 선생님들은 산을 재빨리 올라가는 훈련과 압록강과 두만강 지리를 상세히 가르쳤어. 우리나라로 들어와 일본군과 싸우기 위해서였지.

신흥 무관 학교에서는 우리 역사도 가르쳤어. 역사를 잊으면 나라를 잃은

신흥 무관 학교 훈련생들이 백서 농장에서 농사짓는 모습. 학교 학생들은 직접 농사를 지어 자급자족하고 밤에는 공부를 하고 군사 훈련을 받았다.

거나 다름없단다. 특히 독립 전쟁에서 역사를 아는 것은 매우 중요해. 나라를 되찾았을 때 이어 갈 역사가 없다면 나라를 찾아도 소용이 없어. 신흥 무관 학교는 왜 싸워야 하는지 아는 군대를 만들려고 노력했어.

3·1 만세 운동 이후에 만주에서 만들어진 군대는 서로 군정서와 북로 군정서야.

서로 군정서는 서간도 지역에 만들어졌어. 신흥 무관 학교 출신들이 주로 참여했단다. 1910년 일제에 나라를 빼앗기자 양반 사대부들이 간도 지역으로 집단 망명했고 그곳에서 민간 자치 조직인 경학사를 만들었어. 망명가들이 스스로를 돌보는 요즘의 주민 센터와 같은 행정 조직인 거지. 1912년에는 이름을 경학사에서 부민단으로 바꿨어.

부민단은 행정, 입법, 사법의 자치 정부를 내세우는 단체야. 부민단은 1914년에 백서 농장을 만들었어. 말이 농장이지 실은 독립군이 비밀리에 주둔하는 곳이었어. 낮에는 일하고 밤에는 공부를 하고 군사 훈련을 받았단다. 3·1 만세 운동이 일어나자 부민단은 한족회를 결성했어. 그리고 본격적으로 무장 투쟁을 하려고 했지. 한족회가 군정부를 만들자 임시 정부에서 두 개의 정부가 있으면 안 된다고 해서 서로 군정서로 이름을 바꾸었지.

북로 군정서(정식 이름은 대한 군정서)는 북간도 지역에 만들어졌어. 만주 지역 무장 투쟁를 말할 때 빼놓을 수 없는 세력이 대종교야. 앞에서도 이야기했듯이 대종교는 단군을 모시는 종교인데 1909년에 나철을 중심으로 만들어졌어. 나라를 빼앗기기 직전에 많은 사람들이 대종교에 들어갔지. 그러니까 대종교는 종교라기보다는 우리나라를 세운 단군 이름 아래 하나로 모여서 독립운동을 하는 단체라고 볼 수 있어.

나라를 빼앗긴 지 1년 후인 1911년에 나철은 대종교 총본사를 만주로 옮겼어. 그리고는 동도 본사와 남도 본사, 그리고 서도 본사와 북도 본사로 나누고 각 본사에 책임자를 두었지. 동도 본사 책임자인 서일은 중광단을 만들었는데, 청산리 전투의 씨앗이 돼. 중광단은 3·1 만세 운동 직후에 대한 정의단으로 이름을 바꾸지. 서일은 대종교에 군사 전문가가 많지 않은 점을 보완하기 위해 김좌진 등을 영입했어. 그리고 임시 정부의 뜻에 따라 북로 군정서가 된 거야. 북로 군정서는 무관 학교를 세우고 신흥 무관 학교 출신들을 교관으로 데려왔어. 이렇게 만들어진 서로 군정서와 북로 군정서는 우리 역

사에서 가장 빛난 무장 독립 투쟁인 청산리 전투를 승리로 이끌었단다.

서로 군정서와 북로 군정서 외에 광복군 사령부가 있었어. 광복군 사령부는 3·1 만세 운동 이후에 남만주에서 활동하던 단체들을 하나로 통합해서 만든 단체야. 광복군 사령부는 임시 정부의 군무부 직속으로 두었어. 광복군 사령부는 무기 구입에 많은 노력을 기울였어. 그리고 국내에서 활발하게 전투를 치렀단다. 압록강 일대에 많은 주재소와 면사무소 그리고 경찰서를 파괴하고 일본 경찰들을 사살하는 전과를 올렸지.

독립운동가들은 주로 밤에 움직였어. 독립군이 싸울 수 있게 동네 사람들은 식량을 가져다주고, 옷을 만들어 줬어. 또 독립운동가들을 숨겨 주곤 했지. 총칼을 들지는 않았지만 독립운동가들 뒤에서 함께 싸운 거야.

많은 사람들의 도움으로 독립운동가들은 압록강을 넘어 일제 식민 통치를 마비시켰어. 압록강과 두만강 국경 지역은 독립운동가들과 일본군의 전쟁터였단다.

미국에서도 무장 독립운동을 준비했지.

대한 제국에서 육군 무관 학교 교장을 지냈고 한일 병합 이후 하와이로 건너간 노백린은 다시 미국으로 가 여러 지역을 돌면서 나라를 되찾는 싸움을 해야 한다고 호소했어. 그리고 전쟁에서 이기기 위해서는 공군이 있어야 한다고 주장했어.

공군을 키우려면 돈이 필요했지. 그래서 자신의 생각을 지원해 줄 후원자를 모았어. 노백린은 후원자들과 의논해서 비행기 조종사 교육 기관을 만들고 비행기를 사 모으기로 했어. 노백린은 학생들에게 "우리 비행사들의 목표는 일본 도쿄다. 독립 전쟁이 일어날 때 우리 공군이 일본에 날아가 도쿄 시내를 쑥대밭이 되도록 폭격하자."라고 했어.

후원지 중에는 큰 농장을 운영하는 김종림이라는 사람이 있었어. 그는 일찍부터 노백린과 함께 미국의 유명한 레드우드 비행 학교에 우리나라 청년 몇 명을 맡겨 교육시키면서 그 수업료와 생활비를 대 주고 있었어. 한편 노

1920년 윌로스 비행 학교 학생들. 노백린은 김종림의 도움으로 미국 캘리포니아 주 윌로스에 비행 학교를 세우고 교관을 모은 뒤 15명의 학생을 받아 비행술을 가르쳤다.

백린은 김종림의 도움으로 넓은 땅과 비행기 3대를 제공받아 윌로스 비행 학교(정식 이름은 한인 비행가 양성소)를 세우고 한인 비행사를 길렀단다. 그런데 가을에 대홍수가 나서 김종림의 농장이 막대한 피해를 입자 더 이상 비행 학교에 도움을 줄 수 없었단다. 비행 학교는 문을 닫을 수밖에 없었어. 비행 학교는 문을 닫았지만 이곳에서 비행을 배운 학생들은 나중에 우리나라 독립을 위해 앞장섰단다. 노백린은 이후 임시 정부 군무총장을 맡으면서 상하이로 건너갔지.

봉오동 전투와 청산리 전투

청산리 전투 승리 기념 사진.

북로 군정서를 이끈 김좌진과 만주 독립군 연합 부대를 이끈 홍범도는 일본에 맞서 힘을 합쳐서 '청산리 전투'를 치렀어. 이 전투에서 일본군을 크게 이겨서 '청산리 대첩'이라고도 부른단다.

청산리 전투는 만주에서 활동하던 홍범도가 우리나라와 중국의 국경을 감시하던 일본군 부대를 공격하면서부터 시작되었어. 홍범도는 1920년 6월 4일 자신의 군대를 이끌고 두만강을 건너 일본군을 기습 공격해서 몰살시켰어.

그러자 일제는 큰 충격을 받았지. 그러지 않아도 3·1 만세 운동으로 뿔뿔이 흩어져 있던 만주 무장 독립운동 단체들이 하나로 모이자 신경이 쓰이던 중이었거든. 일제는 "봉오동에 있는 독립군 근거지를 없애 버리겠다."면서 봉오동 골짜기까지 쳐들어왔어. 홍범도는 그곳 주민들을 대피시킨 뒤 부대원들을 숨어 있게 하고는 일본군을 더 깊은 골짜기까지 유인했어. 일본군이 봉오동 골짜기 깊숙한 곳까지 들어오자 숨어 있던 부대원들은 일제히 총을 쐈어. 이것을 봉오동 전투라고 해. 이 전투로 일본군은 큰 타격을 입었단다.

일제는 만주에 사는 우리나라 사람을 모두 없애 버리기로 결정했어. 특히 독립군을 말이야. 그런데 문제가 하나 있었어. 일본군은 중국 땅인 만주에 마음대로 들어갈 수 없었지. 그랬다가는 중국을 침략하는 것이 될 테니까 말이야. 그래서 일본은 만주에 들어갈 구실을 만들어야 했어. 그것이 바로 훈춘 사건이야.

훈춘 사건은 일본군이 말을 타고 떼 지어 다니는 도둑들인 중국 마적에게 돈과 무기를 주고 훈춘에 있는 일본 영사관을 공격하게 한 사건이야. 마적이 일본 영사관을 공격하자 일제는 일본 사람들과 영사관을 보호한다는 이유를 대고는 군대를 이끌고 만주에 들어왔단다.

전투에 패배한 일본군이 부상병을 나르는 모습.

일본군은 간도 지역 독립군을 없애려고 대규모 군대를 꾸려 독립군을 추격했어. 그러나 일본군은 청산리 전투에서도 크게 패했지. 청산리 전투는 10월 21일부터 26일까지 벌어진 크고 작은 10여 차례의 전투를 가리킨단다. 전투가 얼마나 치열했는지 먹고 잘 시간도 없었대. 그런 군인들을 위하여 여성들은 주먹밥을 만들어 총을 쏘고 있는 군인들 입에 넣어 주었어. 백두산 산기슭에서 벌어진 이 전투 모두에서 홍범도와 김좌진 부대는 완벽한 승리를 거두었지. 청산리 전투의 승리는 독립을 향한 우리 민족에게 큰 용기를 주었어.

일제는 봉오동 전투, 청산리 전투에서 패배한 보복으로 민간인을 무차별 학살했어. 마을에는 힘없는 노인과 여자, 아이 들만 있었지만 이들 모두를 불태워 죽이고 총으로 쐈단다. 이 안타까운 사건을 경신참변이라고 해.

3. 독립을 향한 적극적인 외교 활동

　미국에서 활동하는 독립운동가들은 3·1 만세 운동 이후 우리나라의 상황을 알리는 선전과 외교에 집중하기로 했어. 그리고 독립운동에 필요한 자금을 모아 임시 정부에 전달하는 것도 잊지 않았어.

　이승만은 정한경과 함께 윌슨 대통령에게 1919년 3월에 독립 청원서를 보냈어. 또한 파리 평화 회의에 참가하기 위해 모았던 돈으로 3·1 만세 운동을 세계에 알리기로 하고 미국 신문에 만세 운동 소식을 실었지.

　파리에서도 외교 활동을 벌였단다. 제1차 세계 대전이 끝나고 파리에서 강화 회의가 열린다는 소식이 전해졌지. 상하이에 있던 신한청년당은 김규식을 파견하기로 했어. 이때는 아직 3·1 운동이 일어나기 전이고, 상하이에 임시 정부도 세워지기 전이지. 김규식이 1919년 2월 1일에 상하이를 떠나서 파리에 도착했을 때는 3월 13일이었어. 파리에 도착한 김규식은 '강화 회의 한국민 대표관'을 설치했는데 나중에 '대한민국 주파리 한국 통신부'로 불렀단다.

오늘날 우리나라 외교관이 어떤 나라에 가서 외교 활동을 위해 일하는 곳을 '주○○ 대사관'이라고 하잖아! 그런 것처럼 '주파리 한국 통신부'는 파리에 있는 대한민국 외교관이 일하는 곳이야. 김규식은 대한민국 임시 정부 외교부 장관이자 파리에 파견된 외교관이었단다.

주파리 한국 통신부는 기회가 있을 때마다 우리나라의 독립을 위해 열심히 외교 활동을 했단다. 프랑스, 영국 어디든지 간에 국제회의가 있으면 찾아가서 한국의 입장을 설명했지. 우리나라를 알리는 잡지와 작은 책을 영

파리 강화 회의에 파견된 김규식(앞줄 맨 오른쪽). 김규식은 대한민국 임시 정부를 대표해 파리에 파견되어 우리나라의 독립을 청원하는 외교전을 펼쳤다.

어와 프랑스어로 만들어서 나눠 주고, 우리나라 독립을 바라는 외국 사람들을 모아서 우리나라 사정을 알려 달라고 했지. 일본군의 만행도 여기저기 알렸어. 1920년 1월에는 프랑스 인권 위원회와 함께 '한국 문제 연설회'를 열었는데, 500명이 참가했단다. 한국 관련 기사들이 보도되자 유럽 사회가 우리나라 문제에 관심을 갖게 되었지.

독일에서는 유학생들이 중심이 되어 외교 활동을 펼쳤어. 유학생들은 '유덕 고려 학우회'를 만들어 어려운 유학생들을 돕고, 잡지를 만들어 일제 만행을 폭로하는 등 우리나라 사정을 알리는 데 힘을 쏟았어. 어떤 활동을 했는지 하나하나 살펴볼까?

전쟁에서 진 독일은 제1차 세계 내전이 끝나자 물가가 빠르게 오르고 일자리도 부족했어. 그러자 독일은 외국 유학생들에게 일자리를 주지 않았단다. 우리 유학생 중에는 일을 해서 공부를 하는 학생도 있었는데 그들은 보리차를 끓여 먹거나 굶기를 밥 먹듯 했지. 유덕 고려 학우회는 조금씩 돈을 모아 그런 상황에 처한 학생들을 도왔단다. 그런데 한 끼 밥도 먹기 힘든 학생들이 늘어나자 일본은 이때를 놓치지 않았어. 밀정남몰래 사정을 살피는 사람들이 어려움에 처한 유학생들에게 돈을 주면서 일제 식민 통치를 선전하라고 했던 거야. 유덕 고려 학우회는 그런 밀정들을 찾아내 독일을 떠나게 했어.

관동 대지진에 대해 들어 봤니? 1923년 9월 1일 일본에 대지진이 일어났어. 지진으로 민심이 흉흉해지고 일본 사람들은 정부에 불만이 많아졌어. 그러자 일본 정부는 국민들의 관심을 다른 곳으로 돌리려고 한국인들이 우물에 독을 탔다는 소문을 냈어. 그러고는 죄 없는 한국인들을 마구 죽였지. 유덕 고려 학우회는 이 일을 유럽과 미국 그리고 상하이 임시 정부에 알렸어. 또 일본의 만행을 세계에 알릴 목적으로 1923년 10월 26일에 '재독 한인 대회'를 열었단다. 유학생들은 한국인들의 억울한 죽음을 알리고 일제의 가혹한 식민 통치를 규탄했지. 이런 사실들을 영어와 독일어로 만들어 세계에 알렸단다. 그 글은 세 부분으로 나뉘어 있어. 첫 번째는, 한국은 오랜 역사와 전통을 가진 독립된 나라인데 일제의 침략을 받았고, 독립운동으로 3·1 만세 운동을 일으켰으며 상하이에 임시 정부를 세웠다고 썼지. 두 번째로 관동 대지진으로 한국인들이 겪는 고통을 썼단다. 세 번째는 우리의 독립을 적극 지지해 달라고 호소했어.

이렇게 우리에게 잘 알려지지는 않았지만, 프랑스와 독일에서도 한국인들은 독립을 위해 온 힘을 보탰단다.

5부
우리가 3·1 만세 운동을 꼭 알아야 하는 이유

1. 일제 식민 통치와 3·1 만세 운동

식민지에 대해 생각해 본 적 있니?

식민지가 된다는 것은 국가가 원래 갖고 있었던 모든 것을 빼앗긴다는 뜻이야. 정치적으로는 자기 나라의 일을 어떤 것도 결정할 수 없어. 나라의 주인이라는 권리를 빼앗겼으니 말이야. 경제적으로도 마찬가지야.

식민지를 통치하는 나라는 자기 나라 땅을 본국이라고 해. 일본이 본국이고 우리나라가 식민지인 거야. 우리가 일제의 식민지라는 말은 우리나라에 있는 소중한 자원을 일본에게 거저 준다는 거지. 본국에서는 본국 회사가 만든 상품을 식민지에 팔고 엄청난 돈을 버는 거야.

일제의 식민 통치를 받아야 했던 우리 국민은 당연히 이러한 사실을 받아들일 수 없었지. 그래서 일제에 저항하고 항의한 거야.

지배하는 나라는 위력적인 총과 칼로 무장을 할 수 있지만 식민지 국민은 그럴 수 없어. 맞섰다가는 체포되어 불공정한 재판을 받고 감옥에 갇히게 되지. 죽을 만큼 고통스러운 고문을 당하는 것은 말할 것도 없고 말이야.

1910년 한일 병합 후 1919년 3월 1일 만세 운동을 벌이기까지, 우리나라 사람들은 10년 동안 식민지 국민으로 사는 일이 얼마나 고통스럽고 비참한 일인지 뼈저리게 겪었어. 일제가 어떤 나라인지 충분히 알고도 남는 시간이었지.

물론 많은 사람들은 친일을 했어. 또 많은 사람들은 여러 이유 때문에 만세 운동에 직접 참여하지는 못했을 거야. 하지만 중요한 건 또 다른 많은 사람들이 일제의 식민 통치가 옳지 않다는 것을 알았다는 거야. 그리고 용감하게 행동으로 옮겼다는 거지.

사실 한일 병합 이전부터 일본의 속셈을 알아챈 사람들이 있었어. 그런 사람들을 중심으로 일제에 저항하기 시작했고, 나라를 완전히 빼앗긴 뒤로는 독립이 모두의 목표였어.

시간이 흐를수록 여기저기서 더 강력하게 독립을 요구하는 목소리가 터져 나왔어. 중국 상하이나 만주, 미국 등 외국으로 나가 새 문물을 배우고 세계의 정치 흐름을 파악한 사람들은 그들이 할 수 있는 일을 했어. 우리 힘만으로 독립하기는 어렵다는 것을 알았던 사람들은 국제 사회의 도움을 받으려고 애썼지. 영어로 글을 쓸 수 있는 사람은 신문에 우리나라의 사정을 알리는 글을 썼어. 유학생은 남의 나라에서 공부하지만 식민지 조국을 잊지 않았어. 그래서 누구보다 앞장서서 독립 선언서를 낭독하고 독립의 정당성을 외쳤어.

　이렇게 저마다 할 수 있는 일을 했고 그런 과정들이 쌓이고 쌓여 가장 큰 화산이 폭발하듯 터진 게 3·1 만세 운동이야.

　3·1 만세 운동 당시 지도부는 평화로운 시위를 결정했고 만세 운동에 참여한 사람들은 지도부의 계획에 따랐어. 세계 역사에서도 볼 수 없었던 일이야. 그렇게 많은 사람들이 한자리에 모였는데 비폭력 시위를 했다는 사실 말이야. 국제 사회에 이 소식이 알려지자 많은 사람들이 놀랐고 그래서 더욱 관심을 보였지.

농민, 노동자, 학생, 여성, 종교인, 지식인, 상인 등 식민 통치에 반대하고 빼앗긴 나라를 되찾는 게 옳다고 생각한 사람들이라면 누구나 만세를 불렀어.

3월 1일에 시작한 운동이 4월을 지나 5월에도 이어졌지. 한 번으로 끝나지 않았다는 게 중요해. 그만큼 독립을 향한 의지가 강했던 거야. 무엇보다 감동적인 것은 만세 운동이 전국 곳곳으로 퍼져 나갔고 또 나라 밖까지 번졌다는 거야.

2. 3·1 만세 운동의 의미

우리나라가 일제 식민 통치를 받았던 기간이 36년이잖아. 1919년에 일어난 3·1 만세 운동은 그 긴 통치 기간 중 초기에 해당돼. 이 말이 무슨 뜻인가 하면 우리가 바랐던 독립이 결코 쉽게 이루어지지 않았다는 거야. 전체 국민이 나서다시피 해서 독립을 요구했지만 일제는 우리의 요구를 들어주지 않았어. 잠시 놀라는 척하면서 폭력적인 통치 방식을 바꿨으나 그건 눈속임일 뿐 오히려 더 가혹한 식민 통치를 했지.

그렇게 보면 3·1 만세 운동은 실패한 것이 아닐까 하는 의문이 들 거야. 어떤 역사학자들은 3·1 만세 운동은 실패했다고 말해. 5월까지 시위를 했지만 일본이 빼앗은 나라를 돌려주지 않았으니 실패한 거라고 할 수도 있지. 하지만 실패가 중요한 것은 실패를 통해 훨씬 크고 중요한 것을 깨달을 때가 많다는 거야.

그렇다면 3·1 만세 운동은 어떤 의미가 있을까?

첫째, 독립을 향한 확고한 의지를 확인한 거야.

　몇몇 사람들의 필요에 따른 독립이 아니라 식민 통치를 받는 사람들 대부분이 독립의 정당성을 마음 속 깊이 새겼다는 것이지. 빼앗긴 나라를 되찾는 일을 독립운동가들에게만 맡겨서는 안 된다는 것을 알았어. 태극기를 들고 만세를 불렀을 뿐이지만 그 한 사람 한 사람의 힘이 정말 큰 힘이 된다는 것을 깨달았거든. 총을 들고 일제에 맞서지는 못했어도 모두의 마음속에 일제를 향한 저항과 독립을 향한 의지를 심어 주었다는 사실이 중요해.

둘째, 3·1 운동은 최초의 시민 주도 운동으로 불릴 만해.

어떤 특정 지도자들을 중심으로 한 운동이 아니라 민중들이 스스로 일본의 식민 통치에 반감을 느끼고 가담했기 때문이야.

셋째, 운동 초기에 비폭력 투쟁을 실천했다는 거야.

총과 칼을 든 상대를 앞에 두고 폭력을 쓰지 않고 평화롭게 우리 뜻을 전달하겠다는 것은 대단한 용기야.

넷째, 국제 사회에 일제의 식민 통치가 부당할 뿐만 아니라 실패했다는 것을 알렸다는 거야.

미국에서 발행된 신문은 3·1 운동에 대해 "조선인들이 독립을 선언했다. 알려진 것 이상으로 3·1 운동이 널리 퍼져 나갔으며, 수천여 명의 시위자가 체포됐다."고 보도했어. 프랑스의 한 통신은 독립 선언문에 실린 "정의와 인류애의 이름으로 2천만 동포의 목소리를 대표하고 있다."는 문장을 그대로 보도하기도 했지. 그 외에도 파리, 런던, 상하이에 있는 신문사에서도 3·1 만세 운동 소식을 비중 있게 다뤘어.

당시 일제는 제1차 세계 대전의 승전국으로 국제적 위상이 높아져 한껏 들떠 있었지. 하지만 3·1 만세 운동이 일어나고 일제가 평화 시위대를 학살한 사실이 알려지면서 잔인한 학살자라는 민낯이 들통나고 말았지.

3·1 만세 운동 소식이 국제 사회에 알려지면서 우리나라처럼 식민지였던 나라들이 자극을 받고 독립운동을 시작했어. 국민들이 자발적이고 전국적인 규모로 참여했다는 소식이 다른 나라 사람들 마음에 영향을 주었어.

다섯째, 일제가 우리나라만을 식민 통치하고 끝내지 않으리라는 것을 주변 나라들이 알게 되었어.

중국과 러시아, 그리고 당시 새로운 강자로 등장했던 미국도 일제의 속셈을 확실히 알았거나 눈치챘어. 한반도를 시작으로 더 넓은 곳으로 나아가려는 게 일본의 제국주의 욕망이었어. 이런 사실을 알게 된 중국과 러시아는 그곳에서 활동하던 독립운동가들을 도와주기도 했어.

여섯째, 비폭력 투쟁의 한계를 빠르게 깨달았다는 사실이야.

신념을 지키는 것은 중요하지만 상황에 따라 싸우는 기술을 달리할 줄 아는 것도 용기야. 비폭력 투쟁을 했지만 일제의 탄압은 더욱 가혹해졌으니 말이야. 횃불을 들거나 불을 지르고 나아가 군대를 만들어 훈련을 한 것은 일제의 식민 통치가 결코 쉽게 끝나지 않을 거라는 걸 알았기 때문이야.

그리고 마지막으로, 가장 중요한 의미라고 할 수 있는데, 바로 일본 제국주의 통치에 대해 민족 전체가 반대한다는 것을 분명하게 확인했다는 것이야.

임시 정부를 세운 것도 그 뜻이야. 우리가 세운 정부가 있다는 것으로 일제의 통치를 받지 않겠다고 분명하게 보여 준 거지. 나라의 힘과 의지를 한데 모으는 임시 정부를 중심으로, 한편으로는 외교, 한편으로는 무장 투쟁을 벌이면서 계속 일제와 싸워 나간 거야. 우리나라 최고의 법인 헌법은 앞부분에 3·1 운동 정신을 계승한다는 문구를 넣고 있단다.

우리는 3·1 만세 운동을 경험하지 못했지만 그와 비슷한 경험들은 가지

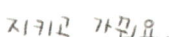

천안 독립 기념관. 독립운동에 관한 방대한 자료를 전시하고 있는 곳으로, 국민 성금을 모금하고 국내외 자료를 수집해 1987년에 문을 열었다.

국립 서울 현충원 애국지사 묘역. 독립운동에 힘쓴 많은 독립운동가들이 모셔져 있다.

고 있단다.

 2008년 밥상 위 안전을 위협하는 미국산 소고기 수입을 반대하면서 촛불을 든 학생들이 있었어. 2016년 겨울부터 이듬해 봄이 오기 전까지 우리는 또 한 번 촛불을 들었어. 정말 많은 사람들이 광장에 나왔었지. 학생, 아이를 유모차에 태우고 나온 젊은 부부, 할아버지, 할머니까지 마치 즐거운 놀이를 하는 것처럼 나와 촛불을 켜고 마음을 모았잖아. 권력을 잡은 사람이 그 힘을 잘못 사용하면 자리에서 물러나게 할 수 있는 힘이 우리에게 있다는 걸 알게 되었지.

 3·1 만세 운동은 무언가 판단하고 결정하는 데 민족 구성원들의 뜻이 중요한 기준점이라는 걸 알게 해 줬어. 이것은 매우 중요하고 우리가 오래 기억해야 할 유산이야.

 무언가를 얻는 데는 그만한 대가를 치러야 해. 3·1 만세 운동에 참여했던 많은 사람들이 다치거나 목숨을 잃었지. 감옥에 갇혀 몇 년씩 지내며 온갖 고문을 당하기도 했지.

 임시 정부 2대 대통령을 지낸 박은식 선생님이 쓴 책을 보면 3·1 만세 운동에 참여한 사람이 약 200여만 명이었대. 우리나라 전체 국민 수가 2천만이라고 했으니 적지 않은 수가 참여했다는 걸 알 수 있어. 그중 7,509명이 사망하고 15,850명이 부상당하고 45,306명이 체포되었으며, 헐리고 불탄 집이 715채, 교회가 47개소, 학교가 2개소였대. 실제로는 그보다 훨씬 더 많은 사람이 죽거나 다치고 피해 규모도 더 컸을 거야.

 3·1 만세 운동 후 아주 많은 것들이 달라졌어. 3·1 만세 운동은 중요한 것과 해야 할 일을 더욱 분명하게 보여 주었지. 그 결과, 오늘 우리가 이렇게 마음껏 책을 읽고 상상을 하면서 지금보다 나은 미래를 꿈꾸며 살 수 있게 되었어. 이것이 우리가 3·1 만세 운동을 알고 기억해야 하는 이유란다.

 나라를 위해 목숨을 바친 사람들을 순국선열이라고 해. 이 이야기를 마무리하면서 우리 모두 잠깐만 눈을 감고 순국선열을 생각하면서 감사의 마음을 전했으면 좋겠어.

참고 도서

- 고정휴, 『3·1운동과 임시정부 수립의 숨은 주역 현순』, 역사공간, 2016.
- 국가보훈처, 『3·1 운동 – 한국의 사정, 한국의 어린순국자』, 1991.
- 김병기·반병률, 『국외 3·1 운동』, 한국독립운동사편찬위원회, 독립기념관 한국독립운동사연구소, 2009.
- 김정인·이정은, 『국내 3·1 운동 Ⅰ — 중부·북부』, 한국독립운동사편찬위원회, 독립기념관 한국독립운동사연구소, 2009.
- 김진호·박이준·박철규, 『국내 3·1 운동 Ⅱ — 남부』, 한국독립운동사편찬위원회, 독립기념관 한국독립운동사연구소, 2009.
- 독립기념관, 『3·1 운동』, 1989.
- 박찬승, 『한국독립운동사』, 역사비평사, 2014.
- 엘리자베스 키스, 『영국화가 엘리자베스 키스의 코리아 1920~1940』, 책과함께, 2006.
- 연세대학교 의학사연구소, 『세브란스인의 스승, 스코필드』, 역사공간, 2016.
- 이덕일, 『근대를 말하다』, 역사의아침, 2012.
- 이윤상, 『3·1 운동의 배경과 독립 선언』, 한국독립운동사편찬위원회, 독립기념관 한국독립운동사연구소, 2009.
- 이정범, 『왜 3·1 운동이 일어났을까?』, 자음과모음, 2012.
- 조지 린치, 『제국의 통로』, 글항아리, 2009.
- 최범산, 『압록강 아리랑』, 달과소, 2012.
- 황민호·홍선표, 『3·1 운동 직후 무장투쟁과 외교활동』, 한국독립운동사편찬위원회, 독립기념관 한국독립운동사연구소, 2008.

사진 출처

- 15쪽, 16쪽, 19쪽, 29쪽(위), 34쪽, 36쪽, 41쪽, 48쪽, 49쪽, 58쪽, 96쪽: 위키백과
- 20쪽, 29쪽(아래), 39쪽, 59쪽, 63쪽, 67쪽, 70쪽, 86쪽, 89쪽, 94쪽, 98쪽, 103쪽(왼쪽), 109쪽, 114쪽, 115쪽, 118쪽, 132쪽(위): 천안 독립 기념관
- 18쪽: 네이버 블로그 라랄랄라(W.MJ)
- 84쪽: 김명옥
- 103쪽(오른쪽): 대한민국역사박물관
- 113쪽: 서던 캘리포니아 대학교 동아시아 도서관
- 132쪽(아래): 이론과실천